Rudolph · Die Kreditvergabeentscheidung der Banken

Beiträge zur betriebswirtschaftlichen Forschung
Herausgegeben von
Prof. Dr. Horst Albach, Bonn
Prof. Dr. Herbert Hax, Wien
Prof. Dr. Paul Riebel, Frankfurt
Prof. Dr. Klaus v. Wysocki, München
Band 40

Bernd Rudolph

# Die Kreditvergabeentscheidung der Banken

## Der Einfluß von Zinsen und Sicherheiten auf die Kreditgewährung

Springer-Verlag Berlin Heidelberg GmbH 1974

URSPRÜNGLICH ERSCHIENEN BEI JULIUS SPRINGER IN BERLIN 1931
SOFTCOVER REPRINT OF THE HARDCOVER 1ST EDITION 1931

ISBN 978-3-531-11248-0 ISBN 978-3-322-87438-2 (eBook)
DOI 10.1007/978-3-322-87438-2

# 1. Risikopolitische Elemente der Geschäftspolitik von Universalbanken

## 1.1 Kredit- und Einlagengeschäfte als zentrale Bankabsatzleistungen

Kennzeichnet man Banken von ihrer speziellen Funktionsübernahme in einer Volkswirtschaft her, so stellt man fest, daß Banken, insbesondere die das Bild des modernen deutschen Bankensystems beherrschenden Universalbanken (1), heute üblicherweise folgende Funktionen einzeln oder kombiniert übernehmen und damit vom Absatzbereich der Bank aus gesehen folgende Leistungspalette anbieten: (2)

- Banken nehmen Zahlungsmittel für eine bestimmte Zeit entgeltlich oder unentgeltlich entgegen (Einlagengeschäft) und überlassen sie anderen Wirtschaftssubjekten gegen Entgelt für eine bestimmte Zeit zur Nutzung (Kreditgeschäft);

- Banken halten sich gegen Entgelt bereit, beim Eintritt bestimmter Bedingungen Zahlungen zu leisten, die ihre Kunden gegenüber Dritten schulden (Garantiegeschäft);

- Banken bieten ihren Kunden die Möglichkeit, bestimmte Teile ihres Sachvermögens (Safe, Abholfach) gegen Entgelt zu nutzen (Wertaufbewahrungsgeschäft);

- Banken erbringen schließlich Verkehrsleistungen: sie übernehmen den Zahlungs- und Abrechnungsverkehr zwischen Wirtschaftssubjekten des In- und Auslandes, sie beraten, sie vermitteln Geschäfte und übernehmen den Kauf und Verkauf von Wertpapieren, von Sorten und Münzen.

Banken bieten diese Leistungen in der Mehrzahl der Fälle nicht separat an; auch werden diese Leistungen nicht von vielen Wirtschaftssubjekten separat nachgefragt. Dem durch Banken angebotenen Leistungsbündel steht auf der Kundenseite ein Bündel nachgefragter Leistungen gegenüber.

Dieser Tatbestand gilt insbesondere auch für die erste der angeführten Bankleistungen, die Entgegennahme von Einlagen und die Hergabe von Krediten. Zumindest Zahlungsverkehrsleistungen sind in aller Regel mit solchen Geschäften verbunden.

Im weiteren wollen wir die Bankleistung par excellence, den Bankkredit, und das zu seinem Angebot erforderliche Einlagengeschäft isoliert aus dem von Banken angebotenen Leistungsbündel herausgreifen; das Modell der Bankpolitik wird eingeengt auf das Modell der Bankkreditpolitik. (3)

Banken zeichnen sich danach insbesondere dadurch aus, daß sie Zahlungsmittel von Wirtschaftssubjekten sammeln und ihren Kunden zur Nutzung anbieten.

## 1.2 Bankbetriebliche Funktionen bei der Hereinnahme und Ausleihung von Zahlungsmitteln

Man könnte vermuten, daß die Funktion der Banken innerhalb des aktiven und passiven Kreditgeschäfts eine im wesentlichen vermittelnde ist. "Banken, insbesondere die Kreditbanken, treten einerseits als Kreditnehmer, andererseits als Kreditgeber, als Kreditvermittler auf. Die letztere Bezeichnung ist insofern die richtigere, als die Banken die ihnen anvertrauten und leihweise überlassenen 'fremden' Mittel ganz oder teilweise dazu benutzen, solchen Wirtschaftspersonen, die Mittel für ihre Wirtschaftsführung benötigen, zur Nutzung überlassen, zu leihen." (4)

Das eigentliche Kreditvermittlungsgeschäft der Banken, bei dem das Kreditinstitut seinen Kunden "zur Deckung eines in sich abgeschlossenen Fremdkapitalbedarfs materiell und personell bestimmbare Kreditbeziehungen von Anfang an mit der Absicht anbietet, die Finanzierungsfunktion auf Dritte, nämlich fremde Kreditgeber zu übertragen" (5), wird heute von den Banken im wesentlichen als Dienstleistungsgeschäft zur Vervollständigung der Angebotspalette angesehen. Insbesondere handelt es sich dabei um die Einschaltung von Banken bei der Gewährung von Krediten aus öffentlichen Mitteln nach dem 'Hausbankenverfahren' (6) und gelegentlichen Kreditvermittlungen der Geschäftsbanken an Hypothekenbanken.

Bei der Hereinnahme und Hergabe von Zahlungsmitteln durch Banken ist deren Funktion jedoch weitreichender: Banken betreiben Kredittransformation. (7)

Zahlungsmittel werden häufig an anderen Orten, in anderen Quantitäten und zu anderen Fristen nachgefragt als angeboten. Die Funktion der Banken besteht darin, daß sie die zum Ausgleich der angebotenen und nachgefragten Zahlungsmittel erforderlichen räumlichen Transformationen, die Transformation der Losgrößen und die erforderlichen Fristentransformationen vornehmen. Diese Transformationsveranstaltungen sind von Schmalenbach (8) mit der Überbrückung regionaler Unterschiede, dem Ausgleich der Stückelung und der Transformation kurzfristiger Masseneinlagen in längerfristige Kredite beschrieben worden.

Darüber hinaus ist das Halten eines Bestandes an Debitoren durch Banken mit bestimmten Risiken (Kreditrisiken) verbunden; eben daher ist auch die Einlage von Zahlungsmitteln bei einer Bank kein ganz sicheres Geschäft. Im allgemeinen wird eine Diskrepanz zwischen den Risiken bestehen, die die von Sachinvestoren angebotenen Kapitalanlagemöglichkeiten beinhalten, und den Risiken, die Bankeinleger noch hinzunehmen bereit sind. Die Funktion der Banken besteht hier insbesondere darin, eine Transformation der mit der Kreditvergabe an Sachinvestoren verbundenen Risiken in Anlagemöglichkeiten mit einem von den Bankeinlegern geforderten Sicherheitsgrad vorzunehmen: Banken betreiben Risikentransformation. (9)

Banken bieten Einlagemöglichkeiten und Kreditfazilitäten an, die im Hinblick auf die Risiko-Chance-Position der Bankkunden als Einleger wie Kreditnehmer Vorteile gegenüber den direkten Kreditbeziehungen solcher Wirtschaftssubjekte aufweisen. (10) Da Bankeinleger in den seltensten Fällen bereit sind, ein für sie spürbares Risiko einzugehen, ist es die vornehmliche Aufgabe der Banken, die von den Einlegern als 'riskant' gemiedenen Anlagemöglichkeiten bei Sachinvestoren in sicherere Einlagenpositionen zu transformieren.

Dementsprechend hat sich die bankbetriebliche Literatur schon recht früh mit den aus der ökonomischen Unsicherheit resultierenden Risiken und deren Bekämpfung im Rahmen der bankbetrieblichen Risikopolitik auseinandergesetzt. (11)

Bei der Behandlung des Risikophänomens wird in der Bankbetriebslehre (neben der Darstellung und der Analyse des Liquiditätsrisikos (12)) vorwiegend von der Art des Geschäftsvorfalls ausgegangen, in dem Risiken auftreten können. So führt Hagenmüller z.B. folgende im Geschäftsbereich der Banken auftretenden Risiken an, die sich leicht in die oben vorgenommene Aufteilung der Leistungsbereiche einer Bank einordnen lassen: (13)

- Kreditrisiken
    - -- aktives Kreditrisiko (Risiko des Kreditausfalls),
    - -- passives Kreditrisiko (Risiko des Einlagenabzugs),
- Risiken des Effektengeschäftes,
- Risiken des Wertaufbewahrungs- und Wertverwaltungsgeschäftes,
- Risiken des Zahlungsverkehrs- und Inkassogeschäftes,
- Risiken des Auslandsgeschäftes (14).

Die Risiken werden ihrer Entstehung nach analysiert und Abwehrmaßnahmen vorgeschlagen. (15) Dabei ist es zur Herausarbeitung der Abwehrmaßnahmen in manchen Fällen erforderlich, die geschäftspolitischen Risiken in Teilrisiken zu zerlegen, wobei nun die risikoauslösenden Sachverhalte in den Vordergrund der Betrachtung rücken.

Für das hier zur Rede stehende Kreditrisiko hat Wächtershäuser (16) die in der Literatur gebräuchlichsten Teilrisiken zusammengestellt:

a. das Verlustrisiko (i.e.S.)

   der Kreditbetrag sowie die vereinbarten Zinsen, Provisionen und Gebühren werden möglicherweise überhaupt nicht oder nur zum Teil gezahlt;

b. das Liquiditätsrisiko

der Zahlungsstrom erfolgt nicht pünktlich;

c. das Zinsänderungsrisiko

der Marktzins kann während der Zeit, für die die Kreditvergabe ausgemacht wurde, über den vereinbarten Zins steigen;

d. das Besicherungsrisiko

die zur Besicherung von Krediten der Bank eingeräumten Eigentums- und Pfandrechte können sich als mangelhaft oder vollkommen wertlos erweisen;

e. das Geldwertrisiko

die Bank kann infolge einer Geldentwertung weniger Kaufkraft zurückerhalten als sie hingegeben hat;

f. das Währungsrisiko

durch Kursschwankungen oder Abwertungen einer Fremdwährung entspricht der Rückzahlungsbetrag aus einem Währungskredit in einheimischer Währung gerechnet möglicherweise nicht mehr dem ursprünglich erwarteten Betrag.

Um aus dieser "mehr oder weniger willkürlichen" (17) Aufzählung der Teilrisiken die für unser Problem wesentlichen Gesichtspunkte herauszuarbeiten, gehen wir von dem Modell einer Kreditbank aus, für die ein Liquiditätsproblem zunächst nicht existiert. Die Kreditbank, die ihre Planung über eine Periode hinweg vornimmt, hat einen einzigen Debitor im Bestand, dessen Kreditrückzahlung am Ende der Periode fällig wird.

Für die Bank besteht in diesem Modell einzig und allein ein Risiko, ein Vermögensrisiko, daß die dem Kreditnehmer zur Verfügung gestellten Zahlungsmittel am Fälligkeitstag nicht oder nicht vollständig zurückbezahlt werden: mit der Kreditposition der Bank ist ein Bonitätsrisiko verbunden. (18) Da wir unterstellt haben, daß die Laufzeit des Kredites mit dem Planungszeitraum der Bank übereinstimmt, besteht hier - abgesehen vom Bonitätsrisiko - keine weitere Unsicherheit über den Wert der Kreditforderung. (19) Der Kreditgeber hat für seine Forderung eine Preisgarantie. (20)

Reicht dagegen die Restlaufzeit der Forderung über die Planungsperiode hinaus, so ist zwar die am Ende der Planungsperiode anfallende Zinssumme bekannt, nicht aber der Wert der Forderung selbst; es besteht ein Kurs- bzw. Zinsänderungsrisiko, da der Marktzins für einen Kredit dieser Art möglicherweise über den mit dem Kreditnehmer vereinbarten Zinssatz steigt. (21) Der Kredit wäre dann unterverzinslich; bei einer Bewertung der Forderung mit dem Kurswert läge dieser unter dem Nominalwert. (22)

Die für eine einzelne Kreditposition der Bank wesentlichen Teilrisiken sind also das Bonitätsrisiko und das Zinsänderungsrisiko.

Diese Feststellung muß nur wenig modifiziert werden, wenn die Annahme aufgegeben wird, für die Bank stelle sich das Problem der Aufrechterhaltung ihrer eigenen Zahlungsfähigkeit nicht. Zieht die Bank während der Planungsperiode zur Überbrückung eines Liquiditätsengpasses die Abtretung eines Debitors zur Refinanzierung in Betracht, so hat sie neben dem Bonitäts- und dem Zinsänderungsrisiko zu berücksichtigen, wie hoch die mit der Refinanzierung verbundenen Transaktionskosten sind und wie groß die möglichen Kursbeeinflussungen durch die eigene Transaktion ist. Die beiden letzten Komponenten eines möglichen Liquidationsdisagios sind bei der Forderungsabtretung aber unbedeutend.

Das Bild der Modellbank ändert sich aber dann, wenn die Bank nicht eine Kreditposition allein im Bestand hat, sondern ihr Kreditportefeuille einen Bestand an Debitoren unterschiedlicher Größenklassen, Branchen, Laufzeiten usw. aufweist. Dann ist bekanntlich das Vermögensverlustrisiko der Bank auch wesentlich abhängig von der Stärke der Gleichgerichtetheit der Bonitäts- und Zinsänderungsrisiken, die den einzelnen Kreditpositionen zukommen. Bei der weiteren Betrachtung wollen wir dabei das Risiko der Fristentransformation, das Zinsänderungsrisiko, unbeachtet lassen.

## 1.3 Programmplanung versus Kreditentscheid

### 1.3.1 Modelle zur Planung des Kreditportefeuilles und des gesamten finanziellen Bereichs von Banken

Eine Bank hat die Qualität eines einzelnen Kredites immer im Rahmen ihrer sonstigen Geschäfte zu beurteilen; sie hat insbesondere die durch eine zusätzliche Kreditvergabe veränderte Risikostruktur ihres gesamten Kreditportefeuilles zu beachten. Das gesamte Vermögensverlustrisiko aus dem Kreditgeschäft, dem sich eine Bank zu einem bestimmten Zeitpunkt gegenübersieht, ist, das hat die Theorie der Portfolio Selection (23) besonders deutlich herausgearbeitet, von zwei Komponenten abhängig: einmal von der Höhe der Einzelrisiken, die bei Kreditengagements übernommen werden, d.h. von der möglichen Höhe einzelner Kreditverluste und der Wahrscheinlichkeit, mit der mit solchen Verlusten gerechnet werden muß; zum anderen von der Korrelation der die möglichen Kreditverluste determinierenden Ereignisse oder Umweltzustände.

Die traditionelle bankbetriebliche Risikopolitik hat in Anbetracht der Bedeutung einer Vermeidung eines Risikogleichlaufs im Kreditgeschäft zur Diversifikation in der Form der Risikozerfällung (Diversifikation der möglichen Größenordnungen von Kreditverlusten) und zur Diversifikation in der Form der Risikostreuung (Diversifikation möglicher Eintrittsursachen von Kreditverlusten) (24) die Einhaltung sogenannter 'Prinzipien der Risikopolitik' (25) gefordert, die Anhaltspunkte für die Ausrichtung der Kreditpolitik einer Bank insgesamt darstellen sollen. Die bekanntesten dieser Prinzipien seien kurz erläutert:

a. Die Risikozerfällung in Form der Risikoteilung

Das Prinzip der Risikoteilung bezieht sich auf die Kreditvergabe an einen einzelnen Sachinvestor (Kreditnehmer); durch die Aufteilung des einer Gläubigerposition anhaftenden Verlustrisikos (bei gleichzeitiger Aufteilung der Ertragschancen) auf mehrere Banken im Rahmen von Metageschäften oder Konsortialkrediten werden Teilpositionen geschaffen, die für die einzelnen beteiligten Banken vorteilhafte Anlagemöglichkeiten darstellen.

Die Aufteilung einer Gläubigerposition auf mehrere beteiligte Institute ist zunächst ein reines Stückelungsproblem. Jedem Partizipanten wird eine Quote zugemessen, "die dem Umfang seiner anlagebereiten Mittel entspricht." (26) Eine solche Aufteilung kann auch dadurch notwendig werden, daß die Höhe des Gesamtengagements eine einzelne kreditgewährende Bank in Kollision mit Bestimmungen des KWG und den auf ihrer Grundlage erlassenen Grundsätzen des Bundesaufsichtsamtes für das Kreditwesen bringen würde. (27)

Die Aufteilung einer Fremdkapitalposition auf mehrere Kreditinstitute kann aber auch die Möglichkeit schaffen, den möglichen Partizipanten eine Quote zuzumessen, deren Risiko-Chancen-Gehalt einen von ihnen geforderten Mindestwert erreicht oder übersteigt. So werden manchmal Konsortialkredite vereinbart, bei denen die Konsorten nur an einem etwaigen Verlust teilhaben (Risikobeteiligung), ohne daß die Konsortialführerin Anteilsbeträge bei ihren Mitkonsorten einfordert. (28) Bei Risikoaversion potentieller Kreditgeber kann die Aufteilung einer Gläubigerposition, die für jeden einzelnen der Beteiligten zu riskant erscheint, zu 'tragbaren' Teilpositionen für die einzelnen Partizipanten des Gemeinschaftskredits führen (risk sharing). (29)

Die Fremdkapitalposition eines Unternehmens U sei in einem einfachen Beispiel dadurch gekennzeichnet, daß dem beantragten Kredit von K = DM 1.000.000,- eine Gesamttilgungsleistung von T = DM 1.200.000,- = K + 0,2 K gegenübersteht. Es wird angenommen, daß das Unternehmen am Ende der Kreditperiode von einem Jahr mit einer Wahrscheinlichkeit von 90 % in der Lage ist, den Kreditbetrag + Zinsen zurückzuführen. Andernfalls, also mit einer Wahrscheinlichkeit von 10 %, wird mit dem Gesamtausfall des Kreditbetrages gerechnet. Für die zur Finanzierung dieser Position in Frage kommenden Banken A und B lassen sich aufgrund ihrer individuellen risikoaversen Nutzenfunktion Indifferenzkurven I angeben, die für alternative Kreditbeträge k (Vermögenseinsätze) diejenigen Gesamttilgungsleistungen t bestimmen, die bei einer Kreditausfallwahrscheinlichkeit von 10 % mindestens gefordert werden müssen, um das Ausfallrisiko der Kreditposition gerade zu kompensieren.

In der Abb. 1 sind die für die Banken A und B angenommenen gleichlaufenden Indifferenzkurven eingetragen. Die Abbildung zeigt, daß bei den zugrunde liegenden Annahmen die Gesamtgläubigerposition weder von der Bank A noch von der Bank B vollständig übernommen wird, daß aber wohl die halbe Gläubigerposition sowohl für die A- wie für die B-Bank eine vorteilhafte Anlagemöglichkeit darstellt.

Banken teilen das Risiko von Kreditpositionen wegen ihrer mit steigenden Beträgen relativ zunehmenden Risikoaversion.

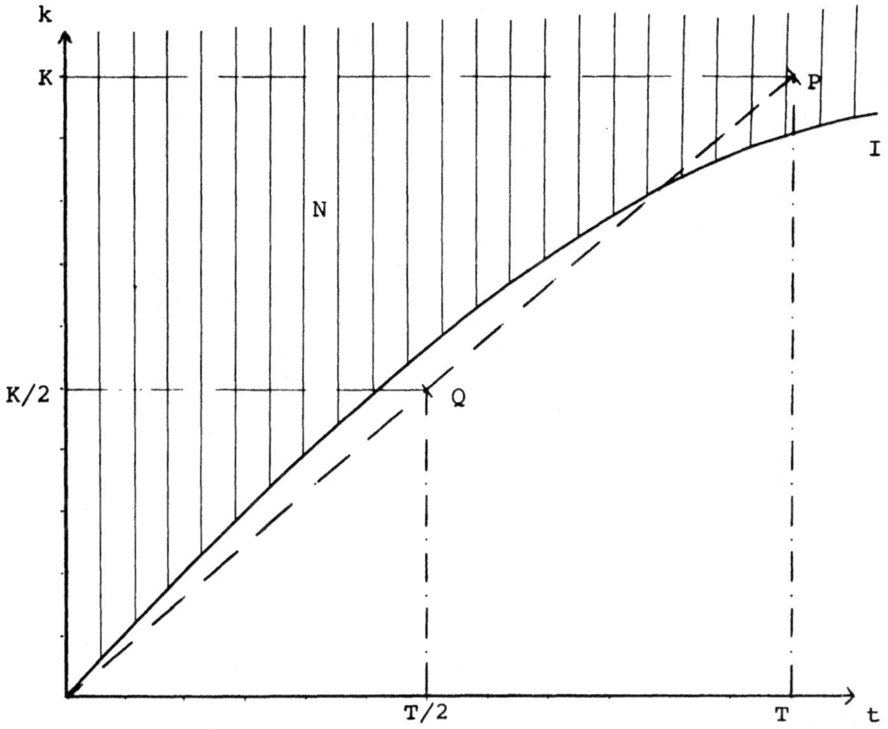


Abb. 1: k - Kreditbetrag = Vermögenseinsatz der Bank

t - vereinbarte Gesamttilgungsleistung = Kreditbetrag + Zinsen

N - Kombinationen von Kreditbeträgen und Gesamttilgungsleistungen (mit Prob. = 0,9), die aufgrund der risikoaversen Nutzenfunktion der Banken nicht als vorteilhafte Anlagemöglichkeiten angesehen werden

I - gleichlaufende Indifferenzkurven für Bank A und B bei einer angenommenen Kreditausfallwahrscheinlichkeit von 10 %

P - Gesamtgläubigerposition des Unternehmens U, die weder für Bank A noch für Bank B tragbar ist

Q - Halbierte Gesamtgläubigerposition (jeweilige Metakreditposition), die sowohl für Bank A wie für Bank B tragbar ist

b. Die Risikozerfällung in Form der Zerlegung des Gesamtausfallrisikos einer Kreditposition in mehrere Teilausfallrisiken

Diese Form der Risikozerfällung durch Banken bezieht sich ebenfalls auf einen einzelnen Vertragspartner des Kreditgeschäfts. Das Kreditengagement wird hier aber nicht in der Weise zerlegt, daß mehrere Kreditinstitute als Partizipanten eingeschaltet werden; die Bank trägt hier das gesamte Vermögensverlustrisiko - dieses wird aber in mehrere Teilausfallrisiken zerlegt.

Risikozerfällung in dieser Form läßt sich beispielsweise in der Sicherheitenpolitik der Banken beobachten: Ein Übermaß an Besicherung, das einmal im Verhältnis des Wertes des Sicherungsobjektes zur Höhe der gesicherten Forderung, zum anderen im Verhältnis des Wertes der Sicherheiten zu dem gesamten oder freien Aktivvermögen des Kreditnehmers bestehen kann, zieht nach herrschender Lehre die Sittenwidrigkeit und damit Nichtigkeit der ganzen Sicherung nach sich, wenn dieses Übermaß sich in einer Knebelung des Schuldners oder in einer Täuschung Dritter über die Kreditfähigkeit des Schuldners auswirkt. Hat eine Bank mit einem Kreditnehmer mehrere Kreditverträge und damit mehrere Besicherungsverträge abgeschlossen, dann können die Verträge in ihrer Gesamtheit den Tatbestand der Knebelung oder Kredittäuschung erfüllen; die Frage der Sittenwidrigkeit muß aber für jeden Vertrag gesondert geprüft werden und nichtig ist eben nur der letzte sittenwidrige Sicherungsvertrag, auch wenn die anderen Verträge diese Wirkung vorbereitet haben. (30)

c. Die Risikostreuung

Dieses Prinzip der Risikopolitik bezieht sich auf die Zusammensetzung verschiedener Kreditpositionen. Durch die Kombination ungleichartiger Kreditgeschäfte sollen die möglichen Eintrittsursachen für Kreditverluste möglichst voneinander unabhängig gestaltet werden, so daß die Wahrscheinlichkeit, daß bei sämtlichen in das Kreditportefeuille einbezogenen Einzelanlagen das zu einem Verlust führende Ereignis zur gleichen Zeit eintritt, sinkt, so daß damit das Risiko des Kreditportefeuilles (Globalposition) mit zunehmender Anzahl der Einzelkreditpositionen abnimmt. Dann führt das Eintreffen bestimmter Umweltzustände nur in verhältnismäßig kleinen Einheiten zu Verlusten (Schottensystem (31)).

Als Unterkategorien einer solchen Risikostreuung kommen in Betracht:

- die Risikostreuung in sachlicher Hinsicht bezüglich der Art (Barkredit, Kontokorrentkredit, Wechseldiskontkredit) und Höhe (Klein-, Mittel-, Großkredite) der Engagements;

- die Risikostreuung in örtlicher Hinsicht bezüglich der geographischen Lage der Kreditnehmer;

- die Risikostreuung in branchenmäßiger Hinsicht bezüglich der Zugehörigkeit der Kreditnehmer zu einem Wirtschaftszweig (Handel, Landwirtschaft, Industrie) oder einer Branche (Textilindustrie, Stahlindustrie, Baugewerbe);

- die Risikostreuung im Hinblick auf den Verwendungszweck der Kredite (Betriebsmittelkredite, Saisonkredite, Investitionskredite, Konsumentenkredite);

- die Risikostreuung nach der Rechtsform und Größe der finanzierten Unternehmen. (32)

Knüpfen an die möglichen Eintrittsursachen für Kreditverluste Ertragsmöglichkeiten in anderen Geschäften (Gegengeschäften) an, so gelingt eine vollständige Kompensation des Kreditrisikos (Hedging); dieses als Risikokompensation bezeichnete Prinzip stellt also einen möglichen Extremfall für die Kombination der Eintrittsursachen für Kreditverluste dar; Beispiele für solche Kompensationsmöglichkeiten sind Kurssicherungsgeschäfte bei Devisenkrediten.

d. Die Risikoüberwälzung

Neben der Risikozerfällung und Risikostreuung stehen Banken zur Herabsetzung ihrer Ausfallrisiken bestimmte Möglichkeiten offen, Kreditrisiken oder Bestandteile dieser Risiken auf den Vertragspartner des Kreditgeschäfts oder einen Dritten abzuwälzen.

In unentgeltlicher Form wird das Prinzip der Risikoüberwälzung durch die Anwendung der sogenannten Freizeichnungsklauseln verfolgt, in denen dem Kreditpartner durch die Anerkennung der Allgemeinen Geschäftsbedingungen der Banken eine Reihe von Risiken aufgelastet werden, die insbesondere auf Irrtümer, Versehen oder höhere Gewalt zurückzuführen sind. (33) In entgeltlicher Form kann das Kreditrisiko auf einen Dritten mittels einer Kreditversicherung abgewälzt werden. "Bei der Delkredereversicherung übernimmt der Versicherer gegenüber dem Versicherungsnehmer das Delkredere für vom Versicherungsnehmer gewährte Kredite in Form einer Gewährleistung für den Eingang der entsprechenden Forderung." (34) Je nach der Art der zugrunde liegenden Kreditbeziehung spricht man von Warenkreditversicherung (Versicherung von Risiken aus Ausfuhr- und Teilzahlungskrediten) und von Finanzkreditversicherung (auf spezielle Anwendungsfälle beschränkte Debitorenversicherung). Im Gegensatz zur Delkredereversicherung, bei der der Kreditgeber als Versicherungsnehmer auftritt, wird bei der Kautionsversicherung ein Vertrag zwischen dem Kreditnehmer und dem Kreditversicherer abgeschlossen. Der Kreditgeber ist Begünstigter aus der Kaution des Versicherers, die rechtlich in eine Bürgschafts- oder Garantieerklärung gekleidet ist. (35)

Die traditionellen 'Prinzipien der Risikopolitik' (36) können nur mögliche Richtungen angeben, in die sich bankbetriebliche Risikopolitik zu bewegen hat, ohne daß quantitative Aussagen über das Ausmaß einer solchen Politik getroffen werden können. Über die möglichen Grenzen einer solchen Politik werden daher nur sehr globale Aussagen formuliert, die zudem 'ideologisch' gestützt werden. So steht bei Sparkassen dem Grundsatz der örtlichen Risikostreuung der Grundsatz der Ortsverbundenheit entgegen: "Es entspricht dem Charakter der Sparkasse als eines örtlich verwurzelten Kreditinstituts, daß sie sowohl im Passiv- als auch im Aktivgeschäft mit Vorbedacht die Interessen der heimischen Bevölkerung wahrnimmt." (37) So argumentiert z.B. Hahn (38) gegen die Abwälzung des Kreditrisikos durch die Banken auf Kreditversicherer, "daß eine Kreditversicherung für Banken in gewisser Hinsicht einen Widerspruch in sich selbst trägt, denn die Übernahme des Kreditrisikos gehört zu den ureigensten Aufgaben der Banken."

Quantitative Aussagen über den Diversifikationsgrad von Banken im Hinblick auf ihre Zielsetzung werden aber von neueren analytischen Bankbetriebsmodellen angestrebt, die zur Ableitung von Dispositionshilfen für die optimale Gestaltung des gesamten Bankgeschäftes beitragen wollen. Wir haben sie daraufhin zu untersuchen, ob sie einen Beitrag zur Erklärung oder möglichen Steuerung des Prozesses der Risikentransformation durch Banken leisten können.

Simultane Bankplanungsmodelle, die die formale Planung des gesamten finanziellen Bereichs von Kreditinstituten zum Ziel haben, bestehen heute im wesentlichen in vier Ansatzpunkten. (39)

Porter (40) hat 1961 ein Modell der Bankbetriebspolitik entwickelt, in dem die Aufrechterhaltung der Liquidität als Restriktion des Rentabilitätsstrebens einer Bank theoretisch formuliert wird. Dabei werden Wahrscheinlichkeitsannahmen über den zukünftigen Einlagenbestand, den zukünftigen Kurswert der Obligationen im Portefeuille der Bank, den Anteil möglicher Kreditverluste und den Grad der Einfrierung des Kreditportefeuilles gemacht. Das Modell von Porter geht davon aus, daß der zukünftige Einlagenbestand nicht von der eingeschlagenen Kreditpolitik abhängt (Pooled-Funds-Approach (41)). Porter weist zwar darauf hin, daß die Bankbetriebspolitik auch sicherheitspolitische Aspekte zu berücksichtigen hat; eine Analyse des Kreditrisikos erfolgt aber nicht. "This aspect of bank uncertainty will be most summarily treated, ..." (42) Die Bank erhöht nach Porter den Nettozinssatz um eine Risikoprämie, die die mutmaßlichen Kreditverluste langfristig kompensieren soll; eine Methode zur Ermittlung dieser Risikoprämie wird nicht angegeben.

Ebenfalls vom Pooled-Funds-Approach gehen Chambers und Charnes (43) in ihrem mehrperiodigen Planungsmodell aus, in dem die relevanten Größen mit Sicherheit bekannt sind. Bei Einhaltung der Liquiditätsnorm der Bankaufsichtsbehörde soll dasjenige Anlageportefeuille der Bank ermittelt werden, das den Gewinn bis zum Planungshorizont maximiert, wobei eine Anzahl von Nebenbedingungen einzuhalten sind. (44) Eine verbesserte Struktur weist das lineare Planungsmodell Deppes (45) auf, in dem die Handlungsmöglichkeiten der Bank durch eine Vielzahl von Nebenbedingungen beschränkt sind. "Dem Sicherheitserfordernis wird dann genügt, wenn die Zahlungsmittel zuzüglich Nichtzahlungsmittel die Verbindlichkeiten der Planperiode sowie den als notwendig erachteten Teil des Eigenkapitals mindestens decken." (46) Die Höhe des Mindesteigenkapitals wird dabei einmal vom Umfang der zur Fortführung der bankbetrieblichen Geschäfte notwendigen Bestände an Zahlungs- und Nichtzahlungsmitteln bestimmt, zum anderen durch das Ausmaß der in der Planungsperiode erwarteten Verluste. (47) Das Streben einer Bank nach Sicherheit, das sich in dem Streben der Bank nach Vermeidung des Konkursgrundes Überschuldung konkretisiert (48), führt also zur Formulierung einer Sicherheitsbedingung, die die Bank in jedem Zeitpunkt der Planungsperiode erfüllen muß. Da aber die Analyse und das Zusammenwirken zukünftiger Kursverluste und Kreditverluste nicht innerhalb des Modells vorgenommen werden kann und die Abschätzung des Gesamtvermögensverlustrisikos nur global in den Ansatz des Mindesteigenkapitals eingehen kann, ist das deterministische Bankplanungsmodell von Deppe nicht geeignet, zur Erklärung oder Steuerung des Prozesses der Risikentransformation beizutragen.

De Long (49) hat 1966 ein Modell aufgestellt, das vom Pooled-Funds-Approach abgeht und die feedback-Beziehungen zwischen Kreditgewährung und Einlagen berücksichtigt (Earmarked-Funds-Approach (50)). De Long geht davon aus, daß die Aktivastruktur einer Bank unmittelbar von der Umschlagsgeschwindigkeit der Einlagen abhängt, wobei allerdings die Modellbank De Longs an Hand von Bilanzschichten in mehrere spezialisierte Kreditinstitute gespalten wird, in denen eine den gegebenen Vorstellungen über den Liquiditätsbedarf der jeweiligen Kapitalstruktur genau entsprechende Liquiditätspolitik verfolgt wird. Der Auffassung von Mülhaupt und Küllmer (51), daß das Modell von De Long schon allein deshalb unbrauchbar sei, weil es "die Anlageentscheidung des Bankleiters im Aktivgeschäft von der Art der verfügbaren Mittel abhängig macht", kann nicht zugestimmt werden. Der methodische Fehler liegt in der Gliederung der Bankgeschäfte nach Bilanzschichten, die die in einem Kreditinstitut gegebenen liquiditätsmäßigen Kompensationsmöglichkeiten im Modell eliminiert.

Die drei bisher behandelten Modelltypen konnten eine von Banken verfolgte Sicherheitspolitik zur Transformation von Kreditrisiken teils wegen ihres deterministischen Charakters, teils wegen der nur kursorischen Behandlung des Risikophänomens nicht beschreiben und erklären.

Der vierte Ansatzpunkt ist dazu in der Lage. Er geht von dem für betriebswirtschaftliche Investitionsmodelle entwickelten Verfahren des 'chance-constained-programming' aus. (52) Weingartner (53) hat 1967 in seiner Stellungnahme zu einem Bankplanungsmodell von Cohen und Hammer (54) die Anwendung dieses Verfahrens vorgeschlagen, das 1969 in dem von Krümmel (55) vorgelegten Bankplanungsmodell verwirklicht wurde. Das Modell besteht aus einer stochastischen Zielfunktion, in die die Handlungsmöglichkeiten der Bank mit den Erwartungswerten ihrer Erfolgsbeiträge, den Risiken der Realisierung dieser Erfolge (Varianz der erwarteten Zahlungen) und dem Zusammenhang dieser Risiken (Kovarianzen der erwarteten Zahlungen) eingehen, und die das empirisch beobachtbare risikoaverse Entscheidungsverhalten der Banken durch den Ansatz einer konkaven Nutzenfunktion zum Ausdruck bringt. (56) Eine Solvenzrestriktion soll gewährleisten, daß nur solche Handlungsprogramme als optimal gelten können, bei denen mit einer vorgegebenen, das Risikoverhalten der Bankeinleger kennzeichnenden Wahrscheinlichkeit die zukünftigen Liquidationserlöse aller Bankaktiva die Fremdkapitalanteile (Einlagen bei der Bank) übersteigen, d.h. die Bankgläubiger auch im Falle einer durch einen möglichen run-Fall notwendig werdenden Liquidation der Bankaktiva mit vollständiger Befriedigung ihrer Forderungen rechnen können. (57) Eine Liquiditätsrestriktion sorgt für den laufenden Zahlungsmittelausgleich; weitere Nebenbedingungen zur Einhaltung institutioneller Beschränkungen können leicht zusätzlich formuliert werden. "Damit genügt das Modell den Anforderungen, die im Hinblick auf die Einhaltung aller bankbetrieblichen Zielgrößen - Liquidität, Rentabilität und Sicherheit - gestellt werden müssen." (58) Der Grad der Diversifikation des Handlungsprogramms der Bank wird durch die Nutzenfunktion der Bank und die vorgegebene Mindestwahrscheinlichkeit für die Einhaltung der Solvenzbedingung gesteuert.

Die Grenzen der Anwendbarkeit eines solchen Modells lassen sich (59), außer dem Problem der Rechenbarkeit des Programms, leicht aus den Annahmen erkennen, die die betriebswirtschaftliche Entscheidungstheorie, in deren formalem Rahmen das Bankplanungsmodell von Krümmel formuliert ist, bezüglich der dem Planenden zur Verfügung stehenden Informationen, der Präferenzordnung über den möglichen Ergebnissen und der zur Auswahl des optimalen Handlungsprogramms angewandten Entscheidungsregel trifft. (60)

Greifen wir die Informationsannahmen heraus, so stehen der Bank (decision maker) in diesem Modell zum Entscheidungszeitpunkt eine Anzahl von sich gegenseitig ausschließenden Aktionen $a_1, a_2, \ldots, a_n$ zur Verfügung, die der Bankleitung alle gegenwärtig sind und die das Entscheidungsfeld, den Aktionsraum $A = \{a_1, a_2, \ldots, a_n\}$ bilden. Der Aktionsraum, der mindestens zwei Aktionen umfassen muß, ist nur dann richtig beschrieben, wenn jede Aktionsmöglichkeit alle anderen ausschließt, so daß der Entscheidende eine der Alternativen wählen muß und höchstens eine der Aktionen ergreifen kann. (61) Jede Aktion kann zu mehreren unterschiedlichen Ergebnissen (pay offs) führen, die vom möglichen Eintritt bestimmter, für das Entscheidungsproblem relevanter Umweltzustände oder Ereignisse $s_1, s_2, \ldots, s_m$ abhängen, die den Ereignis- oder Zustandsraum $S = \{s_1, s_2, \ldots, s_m\}$ bilden. (62) Jedes Ergebnis $e_{ij}$ ist also eindeutig determiniert durch eine Aktion des Entscheidenden und einen Umweltzustand. Die Zuordnung, die jeder Kombination aus Aktionsmöglichkeit $a_i$ und Ereignis $s_j$ eindeutig ein Ergebnis $e_{ij} \varepsilon E$ zuordnet, ist der Bankleitung bekannt und läßt sich als Ergebnisfunktion $e: A \times S \rightarrow E$ anschreiben. (63)

Jede entscheidungstheoretische Alternative umschließt nun jeweils ein vollständiges, mögliches Handlungsprogramm der Bank, das sich aus einer Vielzahl von Einzelaktionen zusammensetzt, wobei zur Ermittlung des jeweiligen Ergebnisses alle ökonomischen Interdependenzen zwischen den einzelnen Handlungsmöglichkeiten bekannt sein müssen. Mögliche Einzelaktionen sind nicht nur etwa die Kreditvergabe über ein Jahr von DM 12.500,- an das Unternehmen U zu 12 % Kreditzinsen oder über 18 Monate der Wechselkredit an das Unternehmen V, der mit dem Diskontsatz + 3 % auf das eingereichte Wechselmaterial berechnet wird, sondern auch mögliche Ausgestaltungen des Kredits an das Unternehmen U. So biete sich etwa die Möglichkeit zu einer Kreditvergabe an U über DM 12.500,- zu 11 % Kreditzinsen bei Absicherung des Kredits durch eine zweitrangige Grundschuld an einem Grundstück des Unternehmens über DM 15.000,-, oder es biete sich die Möglichkeit der Ausdehnung des Kreditengagements auf DM 20.000,- an, wobei zusätzlich die Abtretung der Kundenforderungen A - K und die Übernahme sämtlicher das Auslandsgeschäft betreffenden Aufträge durch die Bank vereinbart werden können.

Die Voraussetzung einer bekannten Ergebnisfunktion impliziert also, daß die Anforderungen an die der Bank zur Verfügung stehenden Informationen über die erfolgsrelevanten Interdependenzen zwischen den geschäftspolitischen Einzelaktionen (sowohl Kapitalanlage- wie Kapitalaufnahmemöglichkeiten, Möglichkeiten der Umstrukturierung der Vermögensbestände sowie Kapitalkonsolidierungsmöglichkeiten) mit wachsendem Ansteigen der von einer entscheidungstheoretischen Alternative umschlossenen Einzelaktionen sich immens erhöhen und die Vielfalt möglicher Einzelaktionen exakt beschrieben werden kann. Büschgen ist zuzustimmen, wenn er feststellt: "Es fehlt in Untersuchungen, die auf der Portfolio-Selection-Theorie oder damit verwandten Risikotransformationsveranstaltungen basieren, jegliche Behandlung der vorher erforderlichen Grundlagenprüfung, ..., insofern schweben jene Vorstellungen, soweit sie sich auf das Bankkreditgeschäft beziehen, im leeren Raum." (64)

### 1.3.2 Entscheidungen über die Kreditvergabe - Entscheidungen über den Einzelkredit

Die Anwendbarkeit von bankbetrieblichen Totalmodellen zur Steuerung des Geschäftsablaufs muß also wegen der mangelnden Abschätzbarkeit aller erfolgsrelevanten Wirkungszusammenhänge, insbesondere bei den durch eine Vielfalt und Vielzahl von täglich anfallenden Geschäftsvorfällen gekennzeichneten 'Finanzwarenhäusern' sehr skeptisch beurteilt werden.

Insbesondere für das Kreditgeschäft tritt ein weiterer erschwerender Umstand hinzu. Banken sind in der Mehrzahl der zu beurteilenden Kreditvergabemöglichkeiten darauf angewiesen, auf Kreditanträge ihrer Kundschaft innerhalb kürzerer Zeit zu 'reagieren'. Eine Kreditvergabe ist daher nur in dem Maße planbar, als über die pro Geschäftstag gestellten Kreditanträge entschieden wird. Das Dilemma bankbetrieblicher Kreditplanung liegt eben in der Tatsache begründet, daß Investitions- und Absatzentscheidungen im Kreditgeschäft zusammenfallen. Faßt man die Kreditvergabe einer Bank als Investition auf, die durch eine Auszahlungsreihe (zur Verfügung gestellte oder in Anspruch genommene Kreditbeträge) und eine Einzahlungsreihe (in Zukunft erwartete Kredittilgungsleistungen) gekennzeichnet werden kann, so besteht die Besonderheit bei der Investition in einen Debitor darin, daß Banken über die Höhe der Anschaffungsauszahlung (Kreditbetrag) und die Art des Investitionsobjektes (Kreditnehmer) nicht autonom entscheiden können. Banken können nur - sieht man von den längerfristig wirkenden Maßnahmen des Bankenmarketing ab - über die sich ihnen im Zeitablauf bietenden einzelnen Kreditvergabemöglichkeiten befinden.

In ähnlicher Weise gilt für das Einlagengeschäft eine kurzfristige aktive Geldbeschaffungspolitik als undurchführbar: einerseits lehnen Banken eine Hereinnahme von Einlagen grundsätzlich nicht ab; andererseits geht die Initiative zur Einlage von Depositen und Spargeldern grundsätzlich von den Einlegern aus. (65)

Für das Kreditgeschäft kommt besonders bei Filialbanken ein organisatorisches Problem hinzu. Über die Vielzahl der in einem Filialsystem täglich anfallenden Kreditanträge kann nicht zentral entschieden werden, will die Bank nicht

a) gegenüber ortsansässigen kleineren und damit bei der Kreditprüfung und Entscheidung flexibleren Bankunternehmungen Wettbewerbsnachteile hinnehmen und

b) nicht den die Kreditfähigkeit des Antragstellers beurteilenden Kreditsachbearbeiter aus der Verantwortung über die Kreditvergabeentscheidung entlassen.

Banken, insbesondere Filialbanken, haben daher ein abgestuftes System der Kreditvergabekompetenzen entwickelt, in dem über Kreditanträge je nach ihrer Höhe, zum Teil auch nach ihrer Laufzeit, gestaffelt in bestimmten Stufen der Hierarchie entschieden wird. (66) Während über Kleinkredite in vielen Fällen vom Kreditsachbearbeiter selbst, über Kredite bis DM 50.000 z.B. vom Leiter der Filiale entschieden wird, können Kreditvergabeentscheidungen bestimmter Größenordnung nicht mehr von der kreditgewährenden Filiale selbst getroffen werden. Hier fällt die Entscheidungskompetenz in eine übergeordnete Filiale (Haupt- oder Kopffiliale) oder in die Zentrale (Bankleitung), wobei von dieser Stelle gleichzeitig eine nochmalige Kreditfähigkeitsprüfung vorgenommen wird. Großkredite (Kredite an einen Kreditnehmer, die insgesamt 15 % des haftenden Eigenkapitals der Bank übersteigen) sowie Organkredite verlangen schon nach §§ 13 und 15 KWG einen einstimmigen Beschluß der Geschäftsleiter des Kreditinstituts.

Auch innerhalb der Entscheidungsebenen wird eine Dezentralisation vorgenommen, die von dem Umfang der zu bearbeitenden Kreditanträge abhängig sein wird. Kluge (67) gibt als mögliche Aufteilung der Entscheidungsgebiete im Kreditgeschäft folgende Gliederung an:

- Kontokorrentkredite (unterteilt nach Sicherheiten und Kredithöhe),

- Wechseldiskontkredite (unterteilt nach Sicherheiten und Kredithöhe),

- Kredite mit einer Laufzeit von vier Jahren und länger,

- Kleinkredite (unterteilt nach Laufzeit, Kredithöhe und Sicherheiten),

- Anschaffungsdarlehen (unterteilt nach Laufzeit, Kredithöhe und Sicherheiten),

- Hypothekendarlehen (unterteilt nach Laufzeit und Kredithöhe).

Für ein solches System der Kompetenzverteilung notwendig und typisch zugleich ist, daß die Kreditsachbearbeiter innerhalb ihres Kompetenzbereichs der Kreditvergabe von einem praktisch offenen Entscheidungsfeld ausgehen können: (68) Banken werden in aller Regel versuchen, eine solche Liquiditätspolitik zu betreiben, daß Kreditsachbearbeiter (lending officers) jeweils innerhalb ihres Entscheidungsbereichs die Entscheidung über eine Kreditvergabe möglichst ausschließlich an ihrer Beurteilung der Kreditfähigkeit des Kreditnehmers orientieren können, ohne Rücksicht darauf nehmen zu müssen, daß dann möglicherweise die Kreditvergabe an weitere Antragsteller mit ebenfalls hinreichender Kreditfähigkeit wegen der grundsätzlich knappen Ressourcen an Zahlungsmitteln ausgeschlossen bleiben muß. (69)

Aus der umfassenden Liquiditätspolitik der Banken, die auch auf die Fähigkeit zu weiteren Kreditbewilligungen gerichtet ist, und der erforderlichen Dezentralisation von Kreditvergabeentscheidungen läßt sich die Anwendbarkeit einer Theorie der Einzelkreditvergabe für die Bankpraxis begründen.

Fassen wir die Ergebnisse aus der Analyse bankbetrieblicher Risikopolitik zusammen, so läßt sich erkennen, daß der Prozeß der Transformation riskanter Kreditpositionen in weniger riskante Einlagenpositionen durch Banken sich aus dem Charakter von Kreditportefeuilleentscheidungen über die verschiedenen Aspekte der Diversifikation erklären läßt. Kreditentscheidungen in der Realität haben aber nur in Ausnahmefällen den Charakter von Portefeuilleentscheidungen, die organisatorisch für das gesamte Kreditportefeuille nur dann sachlich richtig durchführbar wären, wenn sich die Verteilung der Kreditvergabekompetenzen nicht nur an den räumlichen, sondern entsprechend der geplanten Diversifikationspolitik auch an allen übrigen Aspekten kreditgeschäftlicher Risikostreuung (nach Branchen, Höhe und Verwendungszweck) durch Budgetvorgaben ausrichten ließe. (70) Wenn aber Kreditportefeuilles durch Anwendung von Bonitätsstandards, die den Portefeuillecharakter der Kreditentscheidung außer acht lassen, kurzfristig eher 'zufällig' gestaltet sind und Kreditpolitik der Banken im wesentlichen auf Kreditselektion beschränkt ist, dann stellt sich die Frage, welche Möglichkeiten bei Einzelkreditentscheidungen bestehen, den Risiko-Chancen-Gehalt sich anbietender Kreditpositionen so zu gestalten, daß die von Bankeinlegern für wünschenswert erachtete Sicherheit ihrer Einlagenpositionen erreicht wird. (71)

Ist der Risiko-Chancen-Gehalt einer der Bank angebotenen Kreditposition für die Bank unbefriedigend, so bieten sich grundsätzlich zwei Möglichkeiten an, ihn zugunsten der Bank zu verändern:

a. Die Bank kann versuchen, den Chancengehalt der Position durch gewisse preispolitische Aktionen zu erhöhen. Dem Kreditinstitut steht hierfür eine ganze Palette 'kleiner preispolitischer Mittel' (72) zur Verfügung, die auf die Wahl der

Preisbezugsbasis (Eigenschaft einer Bankleistung, an die Zinssätze, Provisionen und Gebühren geknüpft sind) und auf die Höhe des Preiszählers (Zähleinheit der Preisbezugsbasis) gerichtet sind. (73) Geht man von der These aus, der mit dem Kreditkunden vereinbarte Zins enthalte eine Risikoprämie zur Abgeltung des Kreditrisikos, dann stellt sich die Frage, ob Banken bereit sind, gegen Vergütung eines höheren Zinses (und damit einer höheren Risikoprämie) eine vorher nicht akzeptierte Kreditposition zu übernehmen. (74) Kurz gesagt ist die Frage also die: Können Kreditrisiken durch Prämien überwunden werden? Im zweiten Teil der Arbeit wollen wir dieser Frage nachgehen.

b. Banken können versuchen, den Risikogehalt von Kreditpositionen zu vermindern. Eine solche sicherheitspolitische Ausrichtung des einzelnen Kreditgeschäfts wird vor allem durch Kreditwürdigkeits-, Kreditfähigkeitsprüfungen, durch Kreditüberwachungen und die Stellung von Sicherheiten angestrebt. (75) Hier müssen wir das Feld der Analyse stark einengen und annehmen, daß das Problem der Informationsbeschaffung und Informationsverarbeitung zur Charakterisierung einer Kreditposition hinreichend gelöst ist, oder, wenn zwar nicht gelöst, so doch nicht Gegenstand einer Prüfung der Risikoverminderung der Kreditposition sein soll.

Die Charakteristika der Risiken einer Kreditposition hängen nämlich außer von der Person des Beurteilenden von den im Laufe der Kreditverhandlungen erhaltenen Informationen über den Kreditnehmer ab. Über die Verläßlichkeit dieser Informationen gibt man sich heute wesentlich optimistischer als vor dem zweiten Weltkrieg, als ein Bankdirektor diesbezüglich ein sehr düsteres Bild malte:

"Es werden Bilanzen vorgelegt, die eigentlich nur der Verschleierung des Vermögensbestandes dienen. Angeblich sind alle Werte auf den niedrigsten Schmelzwert abgeschrieben, aber selbst dieser Schmelzwert wird so geschildert, daß er in gar keinem Verhältnis zu dem sogenannten Privatvermögen, das aus den verschiedensten Gründen nicht in die Bilanz aufgenommen ist, stehe. Sieht man genauer hin, so besteht das Privatvermögen aus der möglicherweise schon lange nicht mehr echten Perlenkette der Frau und einer höchstbelasteten, auf den Namen der Kinder eingetragenen Villa, während die Buchwerte der eigentlichen kaufmännischen Bilanz auch nicht annähernd den Verkaufswerten entsprechen. Es werden Vorräte angenommen, deren tatsächliche Unverwertbarkeit seit längerer Zeit erwiesen ist und unter den Debitoren finden sich Forderungen an Konzerne und Tochtergesellschaften, an Grundstücks- und Ritterguts - G.m.b.H.'s, die nur noch papierenen Wert besitzen. Die anscheinend außerordentlich üppige Kasse enthält bei näherem Zusehen im wesentlichen nur Kassenzettel über eigene Entnahmen, Darlehen an Verwandte und entlassene Angestellte und ähnliche Dinge, die mit dem Begriff der Liquidität nichts zu tun haben..." (76)

Gleichgültig, welche 'Technik der Kreditwürdigkeitsprüfung' (77) angewandt wird,

- ob eher wirtschaftlich sachliche oder persönliche Kriterien im Mittelpunkt der Prüfung stehen (78),
- ob eine 'Beurteilung der Kreditwürdigkeit nach der Ertragskraft' vorgenommen wird,

- ob man von den in der amerikanischen Bankpraxis üblichen 'C's': 'character', 'capacity', 'capital' ausgeht (79), denen zuweilen 'collateral', 'conditions' und 'coverage' hinzugefügt werden (80),
- ob man versucht, durch analytische Beurteilungsfaktoren (credit scores) (81) oder aufwendige Verfahren externer Bilanzanalyse (82) den Informationsbedarf bei der Beurteilung der Kreditanträge zu decken (83),

stets sind solche Verfahren darauf gerichtet, Informationen über die zukünftige wirtschaftliche Lage des Kreditnehmers, über seine zukünftige Rentabilitäts- und Liquiditätslage zu gewinnen, auch wenn die vorzulegenden Kreditunterlagen eher auf die Prüfung vergangener wirtschaftlicher Tätigkeit schließen lassen sollten. Kreditprüfungen stellen also darauf ab, das, was Theisinger (84) als 'ursprüngliche Kreditsicherheit' bezeichnet hat, zu ermitteln.

Aus einer solchen Prüfung läßt sich aber nur unter bestimmten Bedingungen auf die Kreditposition der Bank schließen. Hat der Kreditnehmer in Zukunft Kredite mehrerer Gläubiger zu tilgen, so ist die Kreditposition eines Gläubigers auch wesentlich von dem Rechtsrang ihrer Ansprüche gegenüber den anderen Gläubigern abhängig. Bestimmte Rechtsgeschäfte dienen der Verteilung von Risiken zwischen den Gläubigern. Wir wollen im dritten Teil der Arbeit Möglichkeiten aufzeigen, Kreditpositionen der Bank bei gegebener wirtschaftlicher Lage des Kreditnehmers und bei gegebener Einschätzung dieser Lage im Hinblick auf eine mögliche Reduktion der involvierten Kreditrisiken zu verändern und im vierten Teil dann fragen, welche dieser Möglichkeiten geeignet sind, das Kreditangebot einer Bank an einen Kreditnehmer zu beeinflussen. (85)

## 2. Ansätze zu einer Theorie des individuellen Kreditangebots von Banken

### 2.1 Die traditionelle These vom Kreditangebot der Banken - die Theorie der Kreditlimitierung

Die Untersuchung der Bedingungen für die Zahlungsmittelbeschaffung von Wirtschaftssubjekten auf Kreditmärkten, die im wesentlichen durch das Entscheidungsverhalten der Banken geprägt werden, ging im Zeitablauf von unterschiedlichen Prämissen aus.

Die Investitionstheorie hat zunächst versucht, durch die Annahme eines vollkommenen Kapitalmarktes, auf dem zu einem einzigen Zinssatz nach Belieben Zahlungsmittelbeträge anlegbar und entleihbar sind, das Finanzierungsproblem auszuschalten. Weder in der Finanzierungstheorie noch in der bankbetrieblichen Literatur konnte dies ein sinnvoller Ausgangspunkt für die Ableitung von Regeln für eine Politik der Kreditvergabe sein, denn die Annahme eines vollkommenen Kapitalmarktes, auf dem Kapital "als ein homogenes Gut empfunden wird, dessen Angebot bei dem herrschenden einheitlichen Zinssatz vollkommen elastisch ist" (86), negierte ja das Problem einer optimalen Allokation von Zahlungsmitteln in Finanzanlagen.

Das zweite Stadium der Diskussion, die Annahme eines unvollkommenen Kapitalmarktes, auf dem Soll- und Habenzinsen auseinanderfallen (87), konnte so lange ebenfalls keine Anhaltspunkte für Kreditentscheidungen liefern, als nicht verschiedene unterschiedliche Soll- und Habenzinssätze zugelassen wurden. (88) Mit der Annahme eines solchen Marktes, auf dem eine Kapitalrationierung über den Zins erfolgt (traditional interest rationing) (89), konnte u.a. erklärt werden, warum Unternehmen keinen unendlich großen Kreditspielraum besitzen. (90) Die Kreditspielraumbegrenzung ergibt sich dadurch, daß den Sachinvestoren nur eine begrenzte Zahl von günstigen Investitionsmöglichkeiten zur Verfügung stehen, die natürlich nur so lange eine vorteilhafte Aktionsmöglichkeit darstellen, als der durch die Investition induzierte Fremdkapitalbedarf weniger Zinszahlungen verlangt, als Zahlungsüberschüsse aus der Investitionsalternative zu erwarten sind.

Die dritte Annahme, die eines beschränkten Kapitalmarktes, auf dem "der Unternehmung irgendwann Kreditbeschränkungen auferlegt werden" (91), läßt sich aus dem Verhalten von Banken erklären, wenn diese ihre Kreditvergabe an die Einhaltung bestimmter Eigenkapital-Fremdkapital-Relationen bzw. an Eigenkapital-Vermögen-Relationen knüpfen (92), oder an die Höhe des Vermögens, das als Kreditsicherheit dienen kann.

Der Beleihungsaspekt wurde insbesondere von Sellien (93) zur Ableitung des maximalen Kreditspielraums eines Unternehmens herangezogen. Unter der Voraussetzung eines gegebenen Eigenkapitals berechnet Sellien eine Obergrenze für das Fremdkapital eines Sachinvestors auf Grund der Vermögenswerte, "die das Eigenkapital begründet hat" und die als dingliche Sicherheiten für die Beschaffung von Fremdkapital dienen können.

Ein Unternehmen, das mit DM 100 Eigenkapital gegründet wird und dessen Vermögenswerte mit 75 % ihrer Anschaffungskosten als Kreditunterlage dienen können, ist danach in der Lage, DM 75 Fremdmittel aufzunehmen. Der Kreditspielraum dieses Unternehmens beträgt aber nicht DM 75, da das durch die Fremdkapitalaufnahme zusätzlich erworbene Vermögen wiederum als Kreditunterlage dienen kann. Das Unternehmen ist nämlich nun in der Lage, zusätzlich 75 % von DM 75 = DM 56,25 Kredit aufzunehmen usw. In der Darstellung Selliens ergibt sich folgende Rechnung:

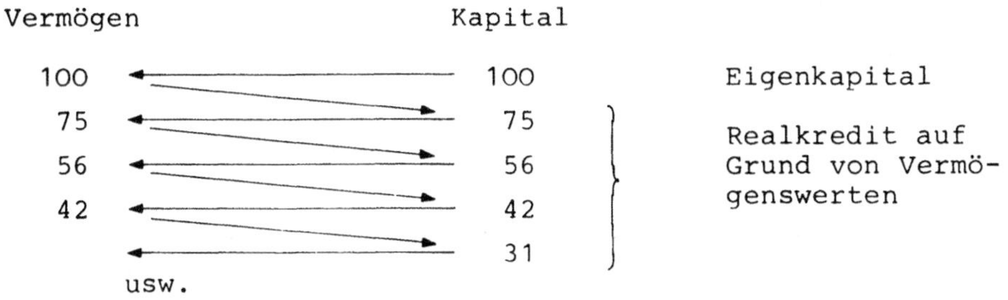


Die Summe dieser unendlichen geometrischen Reihe gibt das vom Unternehmen insgesamt erreichbare Vermögen an:

$$V = \frac{100}{1 - 0{,}75} = 400$$

"Nach dieser Rechnung würde also die Kreditgrenze auf Grund dinglicher Sicherheit aus dem Vermögen bei Bewertung der Kreditunterlagen mit 75 % = 400, also das Vierfache des Eigenkapitals sein." (94)

Die Vorstellung Selliens führt zur Formulierung eines statischen 'Vermögensmultiplikators der Kreditfinanzierung' (vgl. Abb. 2), bei dem als exogene Größe das Eigenkapital EK (= Basisvermögen) vorgeben wird und in dem die Höhe des Multiplikators (hier = 4) durch die Verhaltensannahme bestimmt ist, daß Banken die Vermögenswerte zu einem gewissen Prozentsatz (hier 75 %) beleihen. Die Differenz zwischen dem insgesamt erreichbaren Vermögen und dem durch das Eigenkapital begründeten Vermögen wird auch als 'reale Kreditkapazität' (95) eines Unternehmens bezeichnet.

Mit Hilfe des Modells von Sellien läßt sich auch leicht eine Erklärung für das Verhalten von Banken geben, keine Teilbesicherung zuzulassen, sondern Kredite, die aufgrund dinglicher Sicherheiten gewährt werden, stets voll zu besichern.

Nehmen wir an, Banken verzichteten auf eine volle Besicherung ihrer Kredite, sondern hielten es für vertretbar, sich nur die Hälfte ihres Kreditengagements bei einem Kunden absichern zu lassen, dann stünde jeweils die andere Hälfte des Vermögens als weitere Kreditunterlage zur Verfügung. Bei Annahme

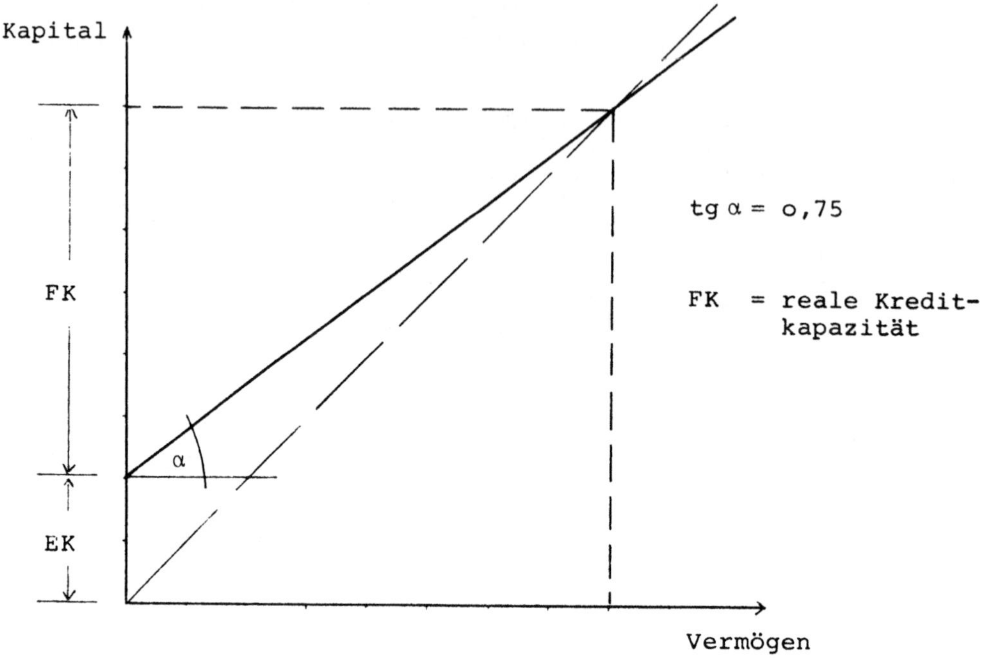
Kapital
FK
EK
α
tg α = o,75
FK = reale Kredit-
kapazität
Vermögen

Abb. 2

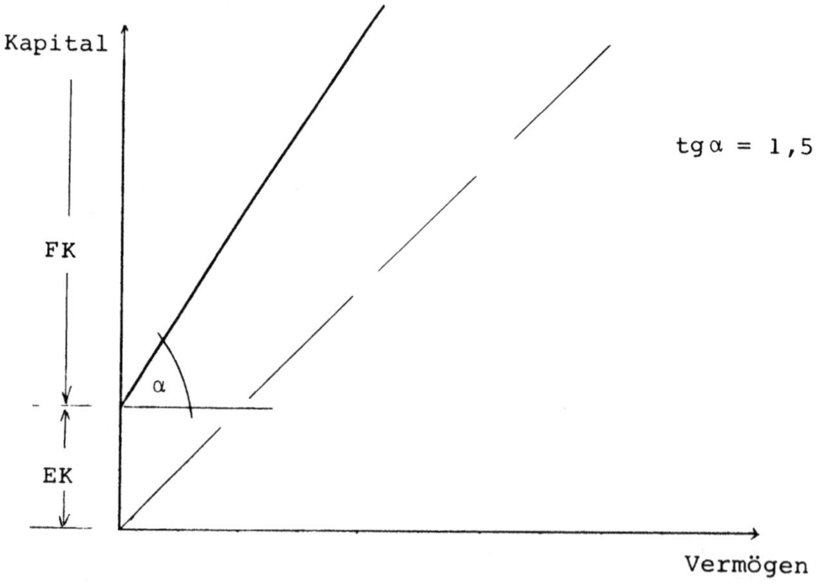
Kapital
FK
EK
α
tgα = 1,5
Vermögen

Abb. 3

einer Teilbesicherung und Beibehaltung der Beleihungsgrenze von 75 % wäre dann bei einem Basisvermögen von DM 100 das Unnehmen in der Lage, zweimal DM 75 = DM 150 Kredit zu erhalten, wobei das für DM 150 zusätzlich beschaffte Vermögen erneut als Kreditunterlage dienen könnte. Die Verhaltensannahme einer Teilbesicherung wäre also gleichbedeutend mit der Annahme, Banken beliehen Vermögenswerte zu 150 %, was zu einem unendlich großen Kreditspielraum des Kreditnehmers führen würde (vgl. Abb. 3).

Das von Sellien den Banken unterstellte 'Denken in realen Sicherheiten' ist gleichbedeutend mit der Postulierung bestimmter Eigenkapital-Fremdkapital-Relationen. Wird z.B. davon ausgegangen, daß in Ausnutzung der Beleihungssätze von 60 % für das Anlagevermögen AV und von 80 % für das sonstige Vermögen SV eine möglichst weitgehende Fremdfinanzierung vorgenommen werden soll, so läßt sich je nach dem Anteil von Sachanlage- und sonstigen Vermögen am Gesamtvermögen des Unternehmens der Mindesteigenkapitalanteil MEK am Gesamtkapital bestimmen:

$$MEK = \frac{(1 - 0{,}6)\ AV + (1 - 0{,}8)\ SV}{AV + SV} \quad .$$

Beträgt das Verhältnis von Sachanlage- zu sonstigem Vermögen für das betrachtete Unternehmen 3:1, so gilt wegen AV = 3 SV:

$$MEK = \frac{3\ 0{,}4\ SV + 0{,}2\ SV}{4\ SV} = 0{,}35$$

Der Fremdkapitalanteil ist auf 65 % begrenzt. Beleihungsgrenzen wie Eigenkapital-Fremdkapital-Relationen limitieren also in festgelegter Weise die Fremdkapitalaufnahme von Unternehmen. (96)

Das dargestellte Modell der Kreditlimitierung (97), in dem eine Begrenzung der Kredithöhe aufgrund generell festgesetzter Deckungsverhältnisse erfolgt, beinhaltet für den Kreditnehmer eine feste, von ihm nicht überschreitbare Grenze der Kreditaufnahme, ohne daß dem Zins eine Funktion als Regulativ zwischen Kreditangebot und Kreditnachfrage zukommt. (98)

Eine Theorie der Einzelkreditvergabe hat hier die Aufgabe zu klären, welche Modifikationen die bislang geführte Argumentation erfahren muß, wenn

a. die Unsicherheit zukünftiger Kreditrückzahlung nicht nur pauschal sondern explizit berücksichtigt wird, wenn
b. die Festlegung der maximalen Kredithöhe in Abhängigkeit von der zukünftigen wirtschaftlichen Lage des Kreditnehmers erfolgt und
c. Bonitätsanforderungen und Kreditzinsen grundsätzlich als in gewissen Grenzen substituierbar gelten.

## 2.2 Ausgangspunkte einer Theorie der Kreditrationierung

Zur Erfassung der quantitativen Zusammenhänge zwischen der individuellen wirtschaftlichen Situation des Kreditnehmers und dem Kreditangebot einer Bank muß vorausgesetzt werden, daß sich zwei die potentiellen Partner des Kreditvertrages betreffende Fragen hinreichend beantworten lassen: die erste Frage ist die nach der voraussichtlichen wirtschaftlichen Lage des Kreditnachfragers während der Laufzeit des Kredits. Auf die Beantwortung dieser Frage ist ein Instrument gerichtet, das Banken als Kreditwürdigkeits- oder Kreditfähigkeitsprüfung bezeichnen. Wir hatten vorausgesetzt, daß sich diese Frage hinreichend beantworten läßt. Die zweite Frage betrifft die Kriterien, die eine Bank ihrer Kreditvergabeentscheidung zugrunde legt, es ist die Frage nach der Zielsetzung der Bank bei der Vergabe eines Einzelkredits.

### 2.2.1 Zur Darstellung der Qualität von Kreditpositionen

Ohne auf die grundsätzlichen methodischen und praktischen Schwierigkeiten einer quantitativen Kreditwürdigkeitsprüfung eingehen zu wollen, kann festgestellt werden, daß eine solche Prüfung davon handelt, Informationen über die das Ergebnis einer Kreditvergabe beeinflussenden Faktoren zu beschaffen und aufzubereiten.

Historisch lassen sich drei Entwicklungsstufen der Kreditwürdigkeitsprüfung erkennen (99), in denen die für das Ergebnis der Kreditvergabe relevanten Gesichtspunkte schlagworthaft als 'persönliche Kreditwürdigkeit', als 'Vermögenslage' und als 'Ertrags- und Liquiditätslage' des Kreditnehmers gekennzeichnet werden können.

Ausgangspunkt der Kreditwürdigkeitsprüfung waren zunächst ausschließlich die "persönlichen Kaufmannseigenschaften des Unternehmers" (100), die in der nachfolgenden Zeit häufig nur bei der Vorfrage zur eigentlichen Kreditfähigkeitsprüfung berücksichtigt wurden. "Der Kreditfähigkeitsprüfung hat die Prüfung der Kreditwürdigkeit des Kreditnehmers vorauszugehen. Sie bringt uns der Antwort auf die Frage näher, ob der Kreditnehmer seine Verpflichtungen aus dem Kreditvertrag pünktlich erfüllen will, wenn er sie erfüllen kann." (101)

In der zweiten Phase der Entwicklung von Kreditwürdigkeitsgutachten sollte insbesondere an Hand von Bilanzen die Sicherung der Rückzahlungsmöglichkeiten durch den Vermögensbestand des Kreditnehmers dargestellt werden. (102) Dabei wurde meist das Vermögen nur als Grundlage zur Realbesicherung angesehen - das Modell der Kreditlimitierung entspricht dieser Vorstellung. "Gewiß spielten auch die Person des Kreditnehmers und die mögliche Entwicklung des kreditnehmenden Unternehmens eine Rolle, aber viel wesentlicher war doch, ob das Ausfallrisiko durch Rückgriff auf zur Sicherheit übereignete Sachwerte voll gedeckt werden konnte." (103)

Gegen dieses 'Denken in Sicherheiten' wandte man sich entschieden in der dritten Phase der Entwicklung von Kreditwürdigkeitsgutachten; zwar wurde die Garantiefunktion des Vermögens durchaus anerkannt, kennzeichnendes Merkmal dieser seit dem Ende der zwanziger Jahre andauernden Phase des Kreditwürdigkeitsgutachtens ist aber die herausragende Bedeutung der Rentabilität und Liquidität als Kriterien für die Qualität eines zu kreditierenden Unternehmens. (104) "In keinem Fall sollte der Wert des dinglichen Sicherungsgutes Maßstab für die Höhe der möglichen Kreditgewährung sein." (105)

Die Fragestellung der Kreditwürdigkeitsprüfung "ob der Kreditnehmer würdig für die Inanspruchnahme des Kredites ist" (106), ist für eine quantitative Erfassung des Ausfallrisikos einer Kreditposition zu wenig präzise. Krümmel hat festgestellt, daß zwei Hauptfragen das Ziel der zu einer Beschreibung der Aktionsmöglichkeit Kreditvergabe notwendigen Kreditfähigkeitsprüfung erschöpfend erfassen:

"Wie hoch - so lautet die erste Hauptfrage der Kreditfähigkeitsprüfung - ist die Wahrscheinlichkeit, daß der Kreditnehmer den Kredit in Zukunft planmäßig bedienen kann?" (107) Da aber die planmäßige Bedienung eines Kredites nie sicher ist, richtet sich die zweite Hauptfrage auf die mutmaßliche Rückführung des Kredites, soweit er während der Kreditlaufzeit etwa notleidend wird: "Wieviel wird wahrscheinlich bei der zwangsweisen Liquidation des Kreditnehmers erlöst werden und welcher Teil des Liquidationserlöses wird unter Berücksichtigung der übrigen Verbindlichkeiten des Unternehmens gegebenenfalls dem Kreditgeber zur Befriedigung seiner Ansprüche zur Verfügung stehen?" (108)

Die Beantwortung beider Hauptfragen kann durch ein einziges Instrument der Kreditwürdigkeitsprüfung, den Kreditstatus zu Liquidationswerten, dann gegeben werden, wenn wir von zwei Annahmen ausgehen:

a. Der Zeitpunkt, für den der Kreditstatus aufgestellt wird, ist der letzte Tag der vereinbarten Kreditlaufzeit. Damit wird angenommen, daß während der Kreditlaufzeit keine Zahlungsunfähigkeit des Schuldners eintritt. Die Aufgabe dieser einschränkenden Annahme ist sachlich richtig nur in flexiblen Planungsmodellen möglich, mit denen wir uns im folgenden nicht beschäftigen wollen; der Finanzplan des Kredit suchenden Unternehmens ist ein Instrument, mit dem sich Banken diesen Informationen nähern können. Im statischen Modell wird vereinfachend unterstellt, daß die Bank eine Wahrscheinlichkeitsverteilung der Endeinzahlungen aus dem Kreditgeschäft angeben kann. (109)

b. Die Bank ist der einzige Gläubiger des Kreditnehmers. Dann stehen dem Kreditnehmer am Ende der Kreditlaufzeit allein drei Zahlungsmittelquellen zur Rückführung des Kredites zur Verfügung:

- der Anfangsbestand an Zahlungsmitteln,
- der Zahlungsmittelzufluß aus zahlungswirksamen Erträgen,
- der Zahlungsmittelzufluß aus der Abtretung von Unternehmensaktiva

bis zum und am Tage der Kreditrückführung; wir werden diese Annahme weiter unten fallen lassen.

Die Wahrscheinlichkeitsverteilung der Endeinzahlungen aus dem Kreditgeschäft beschreibt das Bonitätsrisiko einer Kreditposition, das zwei Argumente hat: Zum einen ergibt sich das Bonitätsrisiko aus der Unsicherheit der zukünftigen wirtschaftlichen Lage des Kreditnehmers. Dieses 'allgemeine Existenzrisiko' (110) oder auch 'leistungswirtschaftliche Risiko' (111) erfaßt alle Unsicherheiten, die aus den Entscheidungen eines Unternehmens im Beschaffungs-, Produktions- und Absatzbereich resultieren. "Business risk is the risk inherent in the physical operations of the firm; it arises simply from the inability to insure absolutely stable sales, costs, and profits." (112)

Wenn wir annehmen, daß aufgrund des vom Unternehmen schon festgelegten Investitionsprogramms der Vermögensbestand des Unternehmens mit den ihm inhärenten Chancen und Risiken über die betrachtete Periode hinweg fest vorgegeben ist und durch risikopolitische Maßnahmen der Unternehmensleitung nicht verändert wird (113), dann ist das Bonitätsrisiko eines Anteils an den dem Unternehmen zur Verfügung stehenden Finanzierungsmitteln durch die Art und Höhe der Partizipation an den vom Unternehmen investierten Finanzierungsmitteln (114) determiniert. (115)

Handelt es sich um ein Einzelunternehmen, das ausschließlich mit eigenen Mitteln finanziert wird, so stimmen Unternehmens- und Unternehmerrisiko überein. (116)

Werden zur Finanzierung der Vermögenswerte eines Unternehmens auch fremde Mittel verwendet, dann gilt: gleichgültig, wie hoch das Vermögensrisiko (leistungswirtschaftliche Risiko) eines Unternehmens im Einzelfall ist, ein möglicher Vermögensverlust schlägt immer zunächst auf die Beteiligungsrechte, dann erst auf die Forderungsrechte durch. "Verluste aus dem Eintritt von Risiken mindern zunächst das Eigenkapital. Erst wenn sie zu einer Aufzehrung des Eigenkapitals geführt haben, berühren sie das Fremdkapital." (117) Durch die vorgegebene Rangfolge der Beteiligung der Eigen- und Fremdfinanciers an den Verlusten eines Unternehmens und, wenn hohe Verluste zu einer Zwangsliquidation des Unternehmens geführt haben, am Liquidationserlös aus der Verwertung des Unternehmensvermögens, ergibt sich, daß das Ausfallrisiko pro eingesetzte Kapitaleinheit für die Unternehmenseigner stets höher ist als das für die Unternehmensgläubiger. (118)

Die Chancen und Risiken eines von einem Unternehmen investierten Vermögensbestandes und die Partizipation der Eigen- und Fremdfinanciers an diesen Chancen und Risiken lassen sich nun in der sogenannten bestandsökonomischen Darstellungsform (119) beschreiben, in der es gelingt, die Kreditposition einer Bank als von der Struktur des Vermögens eines Kreditnehmers (ausgedrückt in möglichen Zahlungsmittelbeständen und Liquidationserlösen am Ende der Kreditlaufzeit) abhängig darzustellen. (120

Gehen wir von einem Unternehmen aus, bei dem, wie oben angenommen, nur Zahlungsmittel aus dem leistungswirtschaftlichen Umsatzprozeß und aus der Liquidation von Aktiva erwartet werden, dann ist die Verteilungsfunktion des Gesamtzahlungsmittelbestandes am Periodenende G(y). Bezeichnet man mit $x_i$ (i = 1, ..., n) den Liquidationserlös des Vermögensobjektes i, wobei sich die Art der Zerlegung des Gesamtvermögens in Vermögensobjekte aus der Kenntnis des Unternehmensplanes und der Verkaufsstrategie bei der Unternehmensliquidation ergibt, läßt sich weiter die Verteilungsfunktion des Liquidationserlöses des Vermögensobjektes i angeben als

$$F(x_i) = \int_0^{\bar{x}_i} f(x_i)dx_i,$$

dann ist die Dichtefunktion der Liquidationserlöse von n Vermögensgegenständen $g(y) = g(x_1, \ldots, x_n)$ bei einem allen Verteilungen gemeinsamen Ereignisraum eine nichtnegative Funktion, die für das n-tupel $(x_1, \ldots, x_n)$ die Gleichung

$$G(y) = G(x_1,\ldots,x_n) = \int_0^{\bar{x}_n}\ldots(n)\ldots\int_0^{\bar{x}_1} g(x_1,\ldots,x_n)dx_1\ldots dx_n$$

erfüllt. Die gemeinsame Verteilungsfunktion ist dann definiert durch (121)

$$G(y) = G(x_1,\ldots,x_n) = P(X_1 \leq x_1;\ldots;X_n \leq x_n),$$

d.h. als die Wahrscheinlichkeit, daß sowohl $X_1 \leq x_1$, als auch $X_2 \leq x_2$ usw., als auch $X_n \leq x_n$ ist.

Die Erwartungsstruktur als Gegenwahrscheinlichkeit ist dann gegeben durch

$$P(X_1 \geq x_1;\ldots;X_n \geq x_n) = 1 - G(x_1,\ldots,x_n)$$

oder $\quad P(Y \geq y) = 1 - G(y).$

Gehen wir in einem einfachen Beispiel von einem Unternehmen mit DM 100 Vermögen (= Eigenkapital) aus, dessen einziger Vermögensgegenstand ein Wertpapier A sei, das im Urteil des Unternehmens mit 40 % Wahrscheinlichkeit am Ende der Planungsperiode einen Kurswert von 140 besitzt (122), mit 50 % einen Kurs von 110 und mit 10 % einen Kurs von nur noch 40. Dann läßt sich die Wertpapier- und damit die Unternehmensposition grafisch wie folgt darstellen (vgl. Abb. 4): (123).

Das Unternehmen plant nun den Erwerb einer weiteren Aktie B, deren Kurswert an der Börse derzeit ebenfalls DM 100 beträgt. Das Unternehmen kann davon ausgehen, daß die für den Kurs der Aktie A bestimmenden Ereignisse ausschließlich ebenfalls den Kurs der Aktie B bestimmen werden. Das Unternehmen möchte den Erwerb der zweiten Aktie fremdfinanzieren.

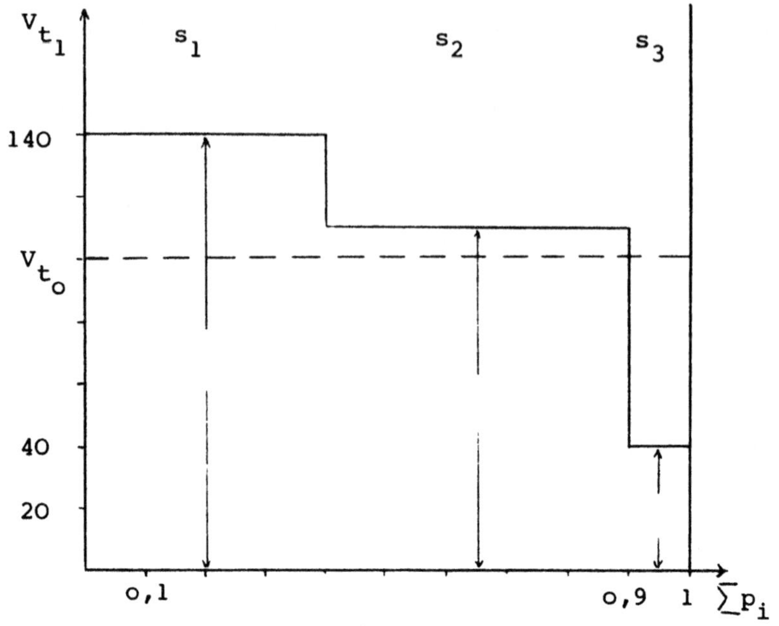


Abb. 4

Die erwarteten Kurswerte am Ende der Planungsperiode sind 160, 130 und 10. Nun ist es natürlich für die Qualität der Gesamtposition, die sich aus den beiden Wertpapieren A und B ergibt, nicht gleichgültig, welches der Ereignisse $s_1$, $s_2$ oder $s_3$ zum Kurs von 160, 130 oder 10 führt.

Greifen wir aus den möglichen Kombinationen:

| Prob. | (1) | (2) | (3) | (4) | (5) | (6) |
|---|---|---|---|---|---|---|
| $s_1$ (40%) | 16o | 16o | 13o | 13o | 1o | 1o |
| $s_2$ (50%) | 13o | 1o | 16o | 1o | 16o | 13o |
| $s_3$ (10%) | 1o | 13o | 1o | 16o | 13o | 16o |

die beiden extremen Kombinationen (1) und (6) heraus (124), kommen wir zu folgenden Gesamtpositionen, die die Wertpapiere A und B umfassen:

| (I) | A | B | A + B |
|---|---|---|---|
| $s_1$ (40%) | 14o | 16o | 3oo |
| $s_2$ (50%) | 11o | 13o | 24o |
| $s_3$ (10%) | 4o | 1o | 5o |

| (II) | A | B | A + B |
|---|---|---|---|
| $s_1$ (40%) | 14o | 1o | 15o |
| $s_2$ (50%) | 11o | 13o | 24o |
| $s_3$ (10%) | 4o | 16o | 2oo |

Bei übereinstimmenden Erwartungen des Unternehmens und der um einen Kredit gebetenen Bank bezüglich des zukünftigen Kurswertes der Aktien läßt sich, wenn eine vereinbarte Verzinsung von 10 % für den Kreditbetrag von DM 100 angenommen wird, die Unternehmensposition und die Kreditposition der Bank grafisch wie folgt (Abb. 5) darstellen:

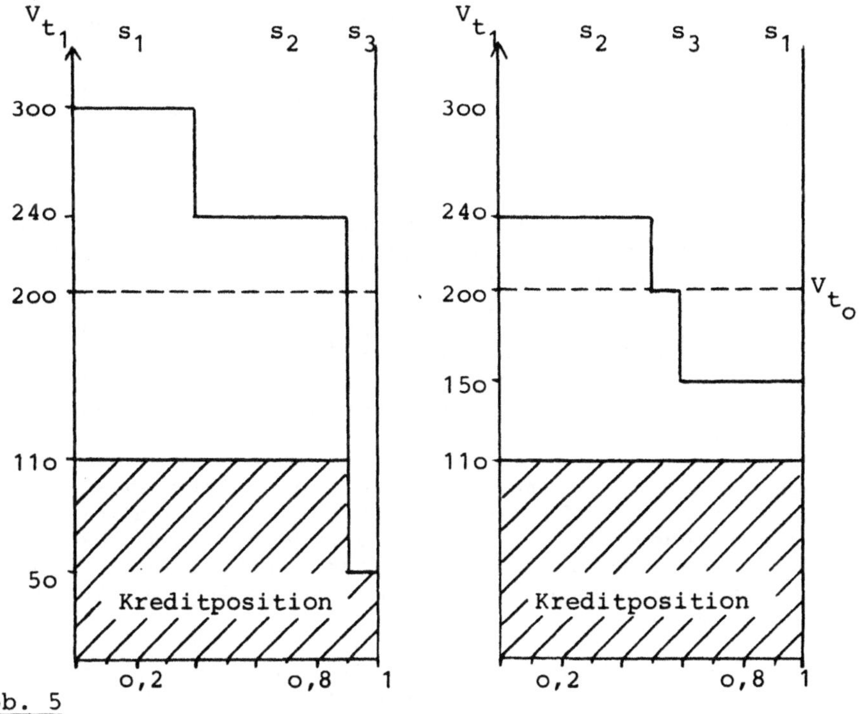


Abb. 5

Die Vorzüge der bestandsökonomischen Darstellungsweise sind offensichtlich:

a. Die ursprüngliche Vermögensposition des Unternehmens, die neu zu finanzierende Position (Verwendungszweck des Kredits) sowie die Korrelation zwischen den Ereignissen, die das Ergebnis der vorhandenen wie der neu zu finanzierenden Position bestimmen, gehen in die Verteilung der Ergebnisse des Unternehmens (gemessen als Bestand von Zahlungsmitteln) ein;

b. Aus der Wahrscheinlichkeitsverteilung der Gesamtposition läßt sich durch geeignete Anordnung die Kreditposition der Bank ableiten;

c. Die für die Beschreibung der Kreditposition erforderlichen Angaben lassen sich aus einem bei der Kreditvergabe von Banken üblichen Instrument, dem Kreditstatus zu Liquidationswerten, entnehmen.

Die Nachteile der graphischen Darstellung liegen in deren geometrischer Beschränkung und der Ordnungsregel, nach der die Ergebnisse nach ihrer Höhe geordnet werden. Wir werden daher bei komplizierteren Modellen auf die analytische Darstellung ausweichen müssen.

### 2.2.2 Zur Formulierung von Ausscheidungskriterien bei der Kreditvergabe

Zur Erfassung der quantitativen Zusammenhänge zwischen dem Kreditangebot der Banken und den sich ihnen bietenden Kreditvergabemöglichkeiten hatten wir neben der Beschreibung der wirtschaftlichen Situation des Kreditnehmers und der daraus zu entwickelnden Kreditposition die Frage nach den Kriterien zu beantworten, die Banken ihren Kreditvergabeentscheidungen zugrunde legen.

Entscheidungskriterien sind Verhaltensanweisungen, die festlegen, welche der verfügbaren Handlungsmöglichkeiten vom Entscheidenden ergriffen werden sollen, um ein von ihm vorgegebenes Ziel möglichst gut zu erreichen. Auf den Fall der Kreditvergabe bezogen würden Entscheidungskriterien also Aussagen über die Vorteilhaftigkeit oder aber die Nichtakzeptierbarkeit verschiedener gegebener Kreditpositionen, die sich als Kreditwartungsstrukturen graphisch veranschaulichen lassen, treffen.

Die Anwendbarkeit bestimmter Entscheidungskriterien wird in der Literatür davon abhängig gemacht, welche Informationen dem Entscheidenden bezüglich der das Ergebnis einer Handlungsmöglichkeit beeinflussenden Ereignisse zur Verfügung stehen, welche Art von Erwartungen (125) der Entscheidungssituation zugrunde liegt.

Im Fall sicherer Erwartungen, wenn die vorhandenen Informationen keinen Zweifel an dem Eintreffen der erwarteten

Ereignisse aufkommen lassen, besteht die Entscheidung schlicht in der Auswahl der Kreditposition mit der höchsten Verzinsung. Für Banken sind Kreditvergaben aber in aller Regel keine sicheren Geschäfte, auch wenn Banken bei bestimmten Kreditnehmern von einer quasi-sicheren Bedienung des Kredits ausgehen können. Das träfe z.B. bei Kreditvergaben an öffentliche Stellen zu, zum Teil auch bei Krediten an Großunternehmen, bei denen im Falle von Liquiditätsschwierigkeiten fast sicher mit staatlichen Stützungsaktionen zu rechnen ist. (126)

Im anderen Extremfall, in dem keine Anhaltspunkte für die Wahrscheinlichkeit einer Kreditrückzahlung angegeben werden können, spricht man von objektiv unsicheren Erwartungen. Beispiele für Entscheidungskriterien bei unbekannten Eintrittswahrscheinlichkeiten sind z.B. die Wald-(Minimax-), die Laplace, die Hurwicz- und die Savage-Niehans-Regel. (127) Nach dem Minimax-Kriterium (128) z.B. wird für jede Aktion des Entscheidenden das schlechtestmögliche Ereignis ermittelt und dann diejenige Aktion gewählt, bei der dieser Wert am größten ist. Das Minimax-Kriterium sichert den Entscheidenden also vor der Realisation all der Ergebnisse, "die für ihn ungünstiger sind als das günstigste unter allen ungünstigen Ergebnissen." (129) Wächtershäuser (130) stellt bei seiner Prüfung der Leistungsfähigkeit des Minimax-Kriteriums für die Kreditentscheidung fest, daß sich eine Bank nach diesem Kriterium stets unter den möglichen Alternativen für die Anlage ihrer Zahlungsmittel in Kasse oder Notenbankguthaben entscheiden müßte, vorausgesetzt, die Möglichkeit eines Verlustes sei hier ausgeschlossen. Da Banken aber tatsächlich Kredite geben und nicht nur Kassenhaltung betreiben, so folgert er, "muß die Wald-Regel jedoch für unser Entscheidungsproblem als völlig disqualifiziert gelten." (131)

Dieser Kritik können wir uns nicht anschließen. Entweder man betrachtet die Minimax-Regel als normative Entscheidungsregel in Fällen der vollständigen Unsicherheit, dann stellt sie eine pessimistische, aber logisch nicht zu verwerfende Entscheidungsregel dar, (132) die außerdem im Falle einer Kreditvergabe ohne Informationen über die Rückzahlungsfähigkeit des Kreditnehmers durchaus plausibel ist; oder man will deskriptiv prüfen, ob die Minimax-Regel das tatsächliche Entscheidungsverhalten der Banken erklären kann. (133) Dann muß man aber Zweifel an der Voraussetzung völliger Unsicherheit in Kreditentscheidungssituationen anmelden. Banken haben tatsächlich, wenn sie sich zu einer Kreditvergabe entschließen, aufgrund der Prüfung der Kreditanträge Informationen über die Wahrscheinlichkeit der Rückzahlung von Kreditbeträgen. Wir haben eben dies durch die Voraussetzung der Ableitbarkeit einer Kreditwartungsstruktur angenommen.

Die Lösung des Entscheidungsproblems in solchen Fällen, in denen Wahrscheinlichkeiten für den Eintritt der die Kreditrückführung beeinflussenden Ereignisse angegeben werden können, erfolgt formal in gleicher Weise wie bei Modellen ohne Wahrscheinlichkeitsannahmen. Der Entscheidende wählt eine Entscheidungsregel, z.B. die Maximierung des Erwartungswertes der Ergebnisse der Aktionsmöglichkeiten oder die Maximierung des Erwartungswertes des Nutzens aus den Ergebnissen der

Aktionsmöglichkeiten (Entscheidung nach dem Bernoulli-Prinzip) und wählt jene Alternative, die den höchsten Präferenzwert aufweist.

Wir wollen im folgenden nicht versuchen, ein normatives Modell der Kreditvergabeentscheidung der Bank zu entwickeln, daher wird uns die Rationalität bestimmter Entscheidungskriterien (im Hinblick auf das Bernoulli-Prinzip) (134) nur am Rande interessieren. Wir wollen vielmehr die in den nachfolgenden Modellen der Kreditvergabe angewandten Entscheidungskriterien grundsätzlich akzeptieren und nur auf mögliche Implikationen des Modellergebnisses aufmerksam machen, die aus der verwendeten Entscheidungsregel resultieren.

Wir müssen die typisch entscheidungstheoretische Fragestellung bei der nachfolgenden Darstellung der Kreditrationierungsmodelle noch in einer anderen Hinsicht abwandeln. Entscheidungstheoretische Modelle setzen eine Wahlmöglichkeit zwischen allen einem Kreditinstitut sich bietenden Alternativen voraus. Unsere Fragestellung geht nur, wie oben bereits dargelegt, auf die Analyse der Kreditvergabeentscheidung an einen einzelnen Sachinvestor ein. Bezüglich der Kreditvergabemöglichkeit an <u>einen</u> Kreditantragsteller soll untersucht werden, wie die Bank auf hypothetische alternative Kredithöhen und Zinserträge reagiert.

Die Auffassungen, die in der Literatur zu diesem Problem vertreten werden, gehen in zwei Richtungen:

These I: Kreditrisiken lassen sich durch Risikoprämien nicht überwinden

Insbesondere in der bankbetrieblichen Literatur wird die Ansicht vertreten, Banken ließen sich in ihrer Risikobereitschaft durch eine Variation von Zinssätzen keinesfalls beeinflussen. "In der Tat ist es eine bekannte Erfahrungstatsache, daß ein seriöses Kreditinstitut für risikobehaftete Geschäfte nicht etwa höhere Zinssätze verlangt, um ein Wagnis zu decken, sondern daß es vorzieht, 'nicht darauf einzutreten'." (135) Implizit beinhaltet auch der folgende Satz diese Auffassung: "Auf Grund des Ergebnisses der Kreditwürdigkeitsprüfung wird die Genehmigung oder die Ablehnung des Kreditantrages ausgesprochen, wobei im ersteren Fall zugleich über die zu stellenden Sicherheiten eine Entscheidung gefällt wird." (136) Aust (137) bemerkt, daß die in der Literatur (138) anzutreffende Forderung von der Unberührbarkeit des Bonitätsmaßstabes so zu interpretieren sei, daß von der Bank für jeden Kreditnehmer eine bestimmte Mindestsicherheitshöhe festgelegt werden kann, die auf keinen Fall unterschritten wird.

Ein möglicher Maßstab für ein solches Sicherheitsniveau wird von Mülhaupt formuliert, wenn er bemerkt: "Die Bank plant stets nur die Gewährung sicherer Kredite ... Kein etwaiger Risikozuschlag auf den Zins könnte so hoch sein, daß er eine ausreichende Sicherung gegen den Verlust der dem Kreditnehmer zur Verfügung gestellten Zahlungsmittel bieten würde." (139) Einen Maßstab, der den Mülhauptschen als Sonderfall umfaßt (soweit eine totale Aversion gegen jedwede Kreditrisiken besteht) und der die arteigene Funktion der Banken, im Aktivgeschäft Kreditrisiken zu übernehmen (140), berücksichtigt, stellt die von Krümmel formulierte Ausschlußregel für bestimmte Ausfallrisiken bei gegebenem Marktzins durch die Angabe eines Risikohorizontes dar. (141) Mit dem Risikohorizont wird dabei die Grenze vernachlässigbarer Risiken für eine der Bank angebotene Kreditposition beschrieben.

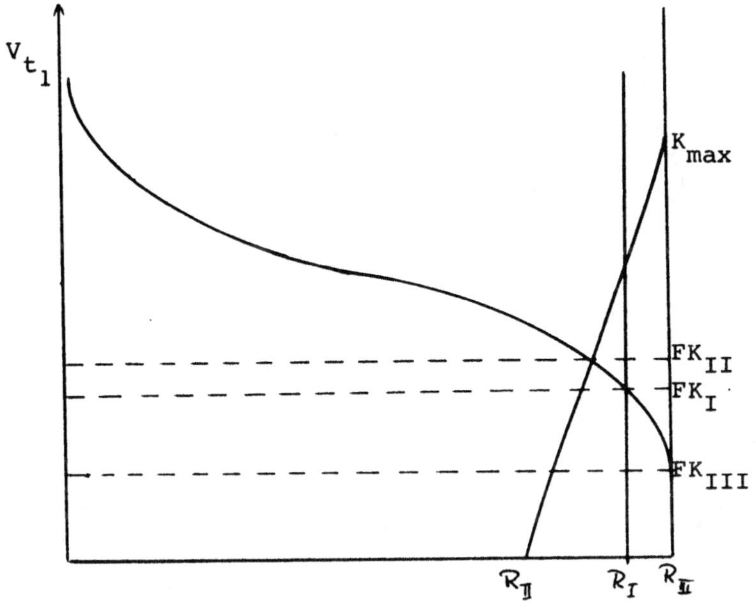


Abb. 6

$R_I$: senkrechter Risikohorizont: Der Betrag des Ausfallrisikos hat keinerlei Einfluß auf die vernachlässigbaren Eintrittswahrscheinlichkeiten von Verlusten; bei der gegebenen Erwartungsstruktur ist $FK_I$ das maximale Kreditangebot;

$R_{II}$: Risikohorizont, bei dem die vernachlässigbaren Eintrittswahrscheinlichkeiten eine sinkende Funktion des individuellen Kreditangebots sind; $K_{max}$ gibt das maximale individuelle Kreditangebot der Bank an, das bei einer vernachlässigbaren Eintrittswahrscheinlichkeit von annähernd Null gerade noch übernommen werden kann, ohne daß sich die Bank einer Insolvenzgefahr aussetzt ($K_{max}$ ist der nicht schon zur Bedeckung bereits eingegangener Verlustrisiken verbrauchte Teil des Eigenkapitals der Bank); bei der gegebenen Erwartungsstruktur stellt $FK_{II}$ das maximale Kreditangebot dar;

$R_{III}$: Sonderfall von $R_I$ (Mülhaupt), es werden keine Verlustrisiken übernommen;

These II: Kreditrisiken lassen sich grundsätzlich durch Risikoprämien überwinden

Die andere, vorwiegend in der Finanzierungstheorie verfolgte Richtung, geht von einer grundsätzlichen Überwindbarkeit von Kreditrisiken durch Zinsen aus; sie behauptet, Bonitätsrisiken ließen sich in Risikoentgelte äquivalenter Höhe übersetzen. "Jedem Bankkaufmann ist geläufig, daß die Sätze der Kreditzinsen nicht nur den Preis für die zeitweise Überlassung von Geld und Kapital darstellen, sondern daneben auch eine Art von 'Risikoprämie' enthalten, deren Höhe von verschiedenen Faktoren abhängt." (142) Dabei wird zumeist unterstellt, "daß bis zu einer Schwelle, bis zu der die Eigenkapitalausstattung unter dem Haftungsaspekt als angemessen erscheint, sich die Gläubiger in bezug auf Zinssatzforderungen indifferent verhalten, daß sie aber von dieser Schwelle an das Kreditkapital nur gegen steigende Zinssätze zur Verfügung stellen." (143) Geht man von dieser These aus, so haben Kreditnehmer keinen entsprechend ihrer zukünftigen wirtschaftlichen Situation individuell gegebenen festen Kreditspielraum, sondern ein mit der Bereitschaft zu höheren Zinsleistungen in bestimmtem Ausmaß ausdehnbares Kreditpotential. Das Problem besteht nun darin, zu einer geeigneten Kalkulationsgrundlage für die Bestimmung einer Risikoprämie zu kommen. Hierzu bieten sich zwei mögliche Wege an:

Man kann zunächst versuchen, das Kreditportefeuille der Bank in seiner Gesamtheit zu betrachten und die durch eine zusätzliche Kreditvergabe veränderte Ausfallwahrscheinlichkeit des Gesamtportefeuilles. "Die Risikoprämie dient dann (da)zu, eine Art Selbstversicherung des Kreditgebers zu besorgen." (144) Wir hatten gesehen, daß dieser theoretisch richtigere Weg im Kreditgeschäft der Banken wegen der dort herrschenden institutionellen Bedingungen und der Vielzahl der zu berücksichtigenden Interdependenzen sehr skeptisch zu beurteilen ist.

Der andere Weg besteht darin, die Ausfallwahrscheinlichkeit für das einzelne zu beurteilende Kreditengagement zu schätzen, zu unterstellen, daß eine große Anzahl Kredite dieser Art gewährt wird (d.h. der einzelne Kredit wird Gruppen von Engagements annähernd gleichen Bonitätsrisikos zugeordnet (145)) und nun die Risikoprämie im Hinblick auf einen durchschnittlich zu erwartenden Kreditrückzahlungsbetrag zu kalkulieren. (146) Eine solchermaßen vorgenommene Kalkulation der Risikoprämie ist zwar mit dem Mangel behaftet, weder einen möglichen Risikogleichlauf noch mögliche Risikoausgleiche im Kreditportefeuille zu berücksichtigen, kommt aber den praktischen Möglichkeiten und Gegebenheiten bei Banken mit einem umfangreichen Kreditportefeuille recht nahe.

Die in der amerikanischen Literatur vorzufindenden quantitativen Ansätze zum Problem der Bestimmung einer das Kreditrisiko ausgleichenden Risikoprämie gründen auf der These einer grundsätzlichen Substituierbarkeit von Kreditrisiken durch Risikoprämien und gehen bei der Kalkulation dieser Risikoprämien von dem zweiten Weg der Betrachtung des Einzelengagements innerhalb einer als vorhanden unterstellten Gruppe gleichartiger Engagements aus. Aus dem den Banken unterstellten

Entscheidungsverhalten - hier liegen die wesentlichen Unterscheidungsmerkmale der Modelle - wird der Versuch gemacht zu bestimmen, wann die Substituierbarkeit von Kreditrisiken durch Risikoprämien abbricht (Kreditrationierungsmodelle). Wir werden die Aussagen dieser Modelle im folgenden Abschnitt in ihrem gegebenen Modellrahmen daraufhin untersuchen, in welchen Grenzen die von ihnen angenommene Substitution gelingt.

## 2.3 Mögliche Grenzen der Substitution von Kreditrisiken durch preispolitische Aktionen bei unterschiedlichen Zielvorstellungen der Bank

Kann ein bestimmter Kreditnehmer stets Kredit erhalten, indem er nur einen genügend hohen Kreditzins akzeptiert, so kann ihm der Kredit nur dadurch verweigert werden, daß von der Bank ein Zinssatz gefordert wird, den er aufgrund seiner beschränkten Möglichkeiten, hochrentierliche Investitionen durchzuführen, als nicht mehr vertretbar ansieht. Eine solche 'traditionelle Rationierung über den Zins', die in der Regel bei nichtlinearen Kapitalkostenverläufen zur Ermittlung eines optimalen Verschuldungsgrades des Kreditnehmers unterstellt wird, ist noch keine Kreditrationierung in dem hier verstandenen Sinn. Kreditrationierung liegt erst dann vor, wenn der Kreditgeber aus Sicherheitserwägungen, die in seinem besonderen Entscheidungsverhalten zum Ausdruck kommen, sein Kreditengagement bei einem Kreditnachfrager absolut begrenzt.

In den folgenden Kreditrationierungsmodellen wird von folgenden Voraussetzungen ausgegangen:

a. Ein Kreditnehmer mit schon festgelegtem Investitionsprogramm (gegebene leistungswirtschaftliche Risiken) fragt alternative Kredithöhen bei einer Bank nach; die nicht von der Bank aufgebrachte Kreditsumme wird durch eigene Mittel des Unternehmens aufgebracht; bezüglich dieser Mittel bestehen grundsätzlich keine Restriktionen, es wird aber angenommen, daß sie aus Kosten- oder anderen Gesichtspunkten heraus stets subsidiär eingesetzt werden sollen.

b. Die Bank leitet aufgrund des ihr unterstellten Entscheidungskriteriums ab, zu welchen Zinssätzen sie bereit ist, bestimmte Teilbeträge des Investitionsprogramms zu finanzieren. Damit ergeben sich zwei Fragestellungen:

   - wie hoch ist das maximale Kreditangebot einer Bank an einen Sachinvestor mit festgelegtem Investitionsprogramm bei fixiertem Zinssatz? Dies ist die Frage nach dem Verlauf der Kreditangebotsfunktion für einen bestimmten Investor in Abhängigkeit vom Zinssatz;

   - wie hoch ist das maximale Kreditangebot einer Bank an einen Sachinvestor mit festgelegtem Investitionsprogramm bei variablem Zinssatz? Dies ist die Frage nach dem Maximum Maximorum der Kreditvergabe einer Bank an einen Sachinvestor.

Mit der Annahme von Wahrscheinlichkeitsverteilungen für die Rückzahlungsfähigkeit potentieller Kreditnehmer hat zum ersten Mal Hodgman (147) ein anschauliches Erklärungsmodell für die Kreditrationierung als Ausdruck des Verhaltens von Kreditgebern gegenüber dem Risiko formuliert.

### 2.3.1 Das Kreditrationierungsmodell von Hodgman

Hodgman geht bei der Darstellung des individuellen Kreditangebots einer Bank an einen potentiellen Kreditnehmer von einer für den Kreditnehmer gegebenen Wahrscheinlichkeitsverteilung von Zahlungsmittelbeträgen aus, die dem Kredit nachfragenden Wirtschaftssubjekt am Ende der Kreditlaufzeit zur Begleichung seiner Verbindlichkeiten zur Verfügung stehen. Die Ableitung einer solchen Wahrscheinlichkeitsverteilung ergibt sich nach Hodgman als Ergebnis der Kreditfähigkeitsprüfung der Bank, in der die Bank ihr Vertrauen in die Fähigkeit des Kreditnehmers, bestimmte Zahlungsmittelbeträge zur Begleichung von Schulden während der Kreditperiode anzusammeln, zusammenfaßt.

Jedem möglichen Zahlungsmittelbetrag y ordnet die Bank eine Zahl zwischen O und 1 zu, die die Wahrscheinlichkeit $\Phi(y)$ angibt, daß der Kreditnehmer mindestens diesen Betrag bis zum Ende der Kreditlaufzeit ansammeln kann. Da es sicher ist, daß der Kreditnehmer mindestens über den Zahlungsmittelbetrag O verfügt, wird $\Phi(y \geq 0) = 1$ gesetzt; und da die finanziellen Ressourcen eines Kreditnehmers nie unbegrenzt sind, ist $\Phi(y \geq \bar{y}) = 0$ für sehr große $\bar{y}$. (148) Weiter wird angenommen, daß die Wahrscheinlichkeit der Rückzahlung mit zunehmenden Zahlungsbeträgen abnimmt und $\Phi(y)$ für kleine y nahe 1 ist. Es ergibt sich dann folgende Erwartungsstruktur, (149) die die Wahrscheinlichkeit angibt, mit der der Kreditnehmer während der Kreditlaufzeit bestimmte Zahlungsmittelbeträge ansammeln kann. (150)

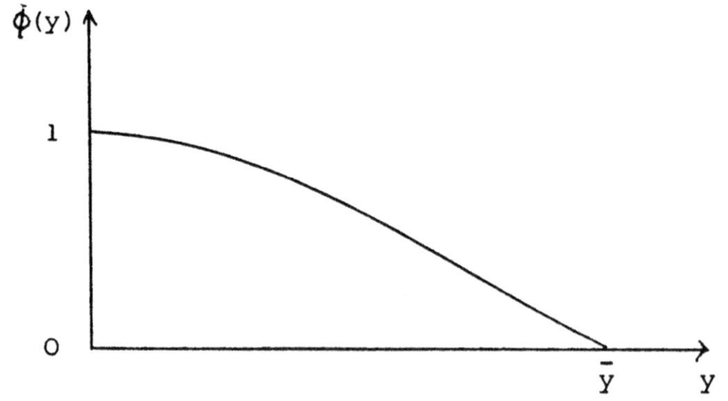


Abb. 7

$-\Phi'(y)$ ist die Dichtefunktion der Zufallsvariablen Zahlungsmittelbestand Y und $P(Y \leq y) = 1 - \Phi(y)$ die Verteilungsfunktion dieser Zufallsgröße.

Zur Ableitung der für den Kreditgeber relevanten Kreditrückzahlungsfunktion wird die Φ-Funktion bei dem von dem Kreditnehmer versprochenen Kreditrückzahlungsbetrag s abgeschnitten. Wird im weiteren y als Zahlungsbetrag an den Kreditgeber interpretiert (151), dann läßt sich die für die Bank relevante Kreditrückzahlungsfunktion für den vereinbarten Gesamttilgungsbetrag s = Kreditbetrag a + Zinsen (s - a) anschreiben als:

[1] $P(Y \leq y) = 1 - \Phi(y)$ für $y < s$ und

[2] $P(Y = s) = \Phi(s)$ für $y \geq s$.

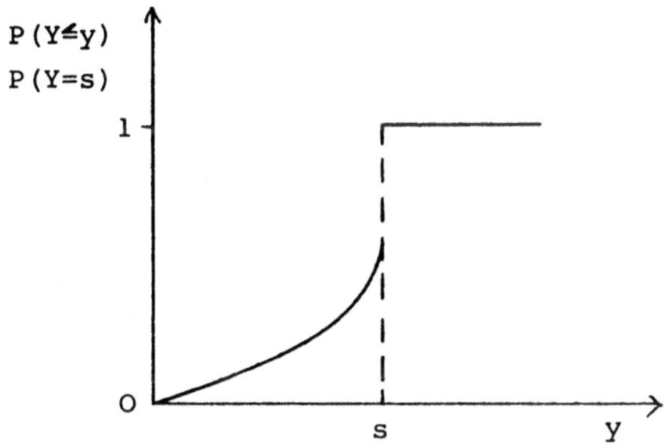


Abb. 8

Der Kreditnehmer zahlt also den Gesamtbetrag s, wenn er dazu in der Lage ist, andernfalls den entsprechend der Realisation der Zufallsgröße Y maximal möglichen Betrag.

Zur Charakterisierung der Verteilung der Rückzahlungsbeträge zieht die Bank zwei Maßgrößen heran; nämlich den von der Verteilungsfunktion und dem ausgehandelten Kreditrückzahlungsbetrag abhängigen Erwartungswert der Rückzahlung E(y) und den außerdem von der Kredithöhe abhängigen Erwartungswert des Verlustes E(z).

Der Erwartungswert der Rückzahlung setzt sich aus dem Erwartungswert für die vertragsgemäße Bedienung des Kredits und dem Erwartungswert für die Teilrückzahlung bei nicht reibungsloser Kredittilgung zusammen.

[3] $E(y) = s \cdot P(Y = s) + \int_{0}^{s} - y\Phi'(y)\, dy$

oder

[3a] $E(y) = s \int_{s}^{\bar{y}} - \Phi'(y)\, dy + \int_{0}^{s} - y\Phi'(y)\, dy$

[4] $E(y) = \int_{0}^{s} \Phi(y)\, dy.$ (152)

Verlustbeträge $z = a - y$ können bei Hodgman nur bis zur Kredithöhe a auftreten; es werden also keine Opportunitätskosten berücksichtigt.

$$[5] \quad E(z) = \int_0^a (a - y)(-\Phi'(y))\, dy$$

Für den Normalfall, in dem der vereinbarte Rückzahlungsbetrag s den Kreditbetrag überschreitet, ergibt sich daraus:

$$[6] \quad E(z) = -\Phi(y)(a - y)\Big|_0^a - \int_0^a (-1)(-\Phi(y))\, dy$$

und wegen $\Phi(0) = 1$

$$[7] \quad E(z) = a - \int_0^a \Phi(y)\, dy \qquad \text{für } a \leq s. \qquad (153)$$

Die zur Charakterisierung der Verteilung der Rückzahlungsbeträge herangezogenen Erwartungswerte lassen sich in der Darstellung der Erwartungsstruktur veranschaulichen:

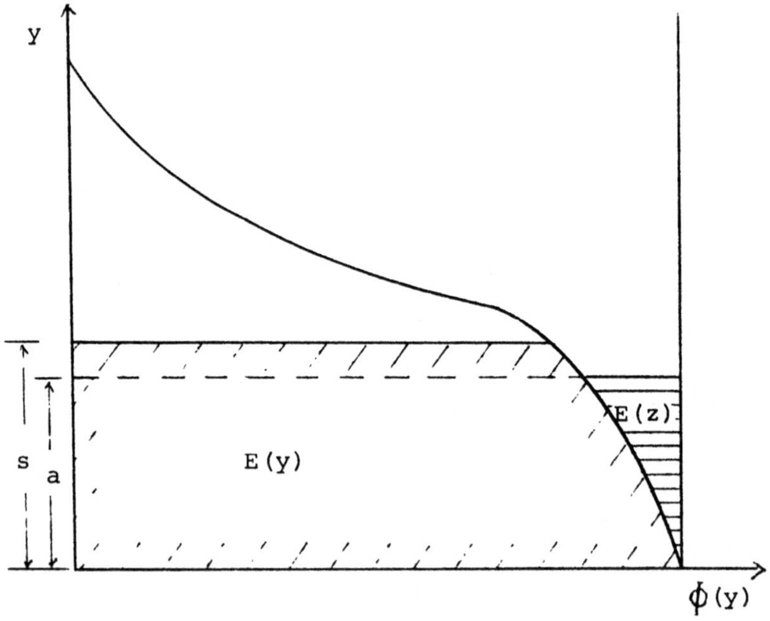


Abb. 9

Ein über den Kreditbetrag a steigender Gesamttilgungsbetrag s hat, wie man an der Abb. 9 leicht sieht, keinen Einfluß auf den Erwartungswert des Verlustes, der mit anderen Worten im Normalfall ($s > a$) unabhängig vom vereinbarten Zinssatz und damit nur abhängig von der Höhe der Beteiligung am leistungswirtschaftlichen Risiko des Kreditnehmers ist.

Der Kern der Argumentation von Hodgman ist nun der, daß die Bank ihre Kreditvergabe davon abhängig macht, daß das vom Kreditnehmer angebotene Verhältnis zwischen dem Erwartungswert der Rückzahlung und dem Erwartungswert des Verlustes mindestens einer von der Bank ermittelten cut-off-Ziffer (154) entsprechen muß. Der Kreditnehmer kann einen sehr hohen Zinsendienst (s - a) versprechen, um den Erwartungswert der Rückzahlung zu verbessern. Es sind aber Fälle denkbar, in denen der Kreditnachfrager das Verhältnis der Erwartungswerte nicht weiter steigern kann, da der Erwartungswert des Verlustes von einer Erhöhung des Zinssatzes unberührt bleibt und der Erwartungswert der Rückzahlung in den Augen der Bank eine von der individuellen $\Phi$-Funktion des Kreditnehmers abhängige obere Schranke hat.

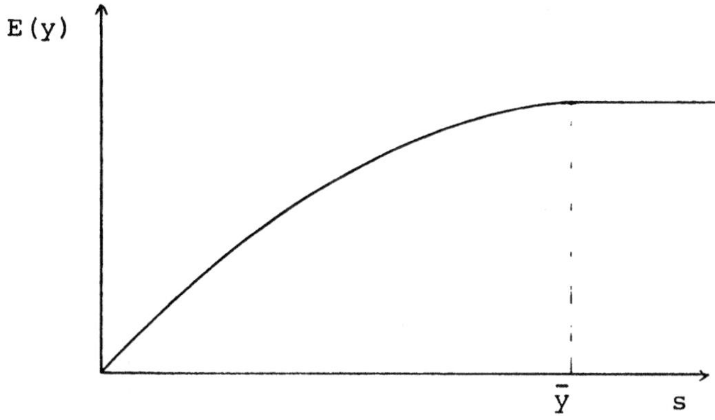


Abb. 10

Nach Hodgman sind also Konstellationen denkbar, in denen sich Kreditrisiken bei rationalem Verhalten der Banken (155) nicht mehr durch Prämien (Zinsen) überwinden lassen, in denen es also zu einer Kreditrationierung kommt.

Gilt für einen bestimmten Kreditnehmer aufgrund seiner Kreditrückzahlungsfunktion und gegebener Marktverhältnisse die Kreditangebotsfunktion $S_0'$, so wird er sein Kreditpotential nicht ausschöpfen, da seine Kreditnachfrage zu dem Zinssatz, zu dem eine vollständige Ausnutzung möglich wäre, unter dem dann erreichbaren Kreditbetrag liegt (vgl. Abb. 11).

Gilt dagegen wegen angespannterer Marktverhältnisse die Kreditangebotsfunktion $S_2'$, so wird er maximal den Betrag $a_o$ kreditiert bekommen, gleichgültig, ob er den entsprechend seiner Kreditnachfragekurve D noch hinzunehmenden Zinssatz $r_1$ bietet oder den niedrigeren Zinssatz $r_2$, der für die Bank wegen ihres Denkens in (E(y)/(E(z))-Größen bezüglich ihres Kreditangebots gleichwertig ist.

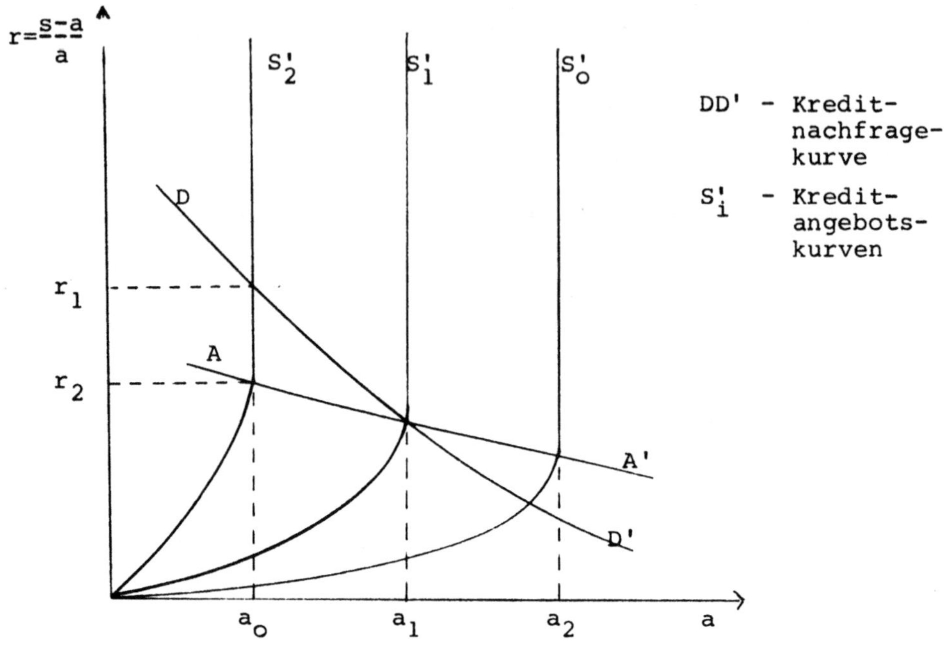


Abb. 11

Um die graphische Ableitung des Ergebnisses von Hodgman im einzelnen kritisch verfolgen zu können, gehen wir von einem sehr einfachen Beispiel einer Rückzahlungsfunktion aus. Wir wollen unterstellen, die Bank halte $\bar{y}$ für den vom Kreditnehmer maximal zahlbaren Betrag und die Realisierung aller Beträge zwischen O und $\bar{y}$ für gleich wahrscheinlich, wir gehen also von einer Gleichverteilung der Rückzahlungsbeträge aus mit $\Phi'(y)$ = const., so daß wegen

[8] $$\int_{o}^{\bar{y}} - \Phi'(y)\, dy = c(\bar{y} - O) = 1$$

[9] $$- \Phi'(y) = \frac{1}{\bar{y}} \qquad \text{für } O \leq y \leq \bar{y} \text{ ist} \qquad (156)$$

dann ergibt sich als Erwartungswert der Rückzahlung:

[10] $$E(y) = \int_{o}^{s} \frac{1}{\bar{y}}\, y\, dy + s \int_{s}^{\bar{y}} \frac{1}{\bar{y}}\, dy = \left[\frac{y^2}{2\cdot\bar{y}}\right]_o^s + s\left[\frac{y}{\bar{y}}\right]_s^{\bar{y}}.$$

[11] $$E(y) = s - \frac{s^2}{2\cdot\bar{y}} \qquad \text{für } s \leq \bar{y} \text{ und}$$

[12] $E(y) = \frac{\bar{y}}{2}$ für $s \geq \bar{y}$

und der Erwartungswert des Verlustes als

[13] $E(z) = a - \int_{o}^{s} (1 - \frac{y}{\bar{y}})\, dy = a - s + \left[\frac{y^2}{2 \cdot \bar{y}}\right]_{o}^{s}$

[14] $E(z) = a - s + \frac{s^2}{2 \cdot \bar{y}}$ für $s < a < \bar{y}$ und

[15] $E(z) = \int_{o}^{a} (a - y)\, \frac{1}{\bar{y}}\, dy = \left[\frac{a\, y}{\bar{y}}\right]_{o}^{a} - \left[\frac{y^2}{2 \cdot \bar{y}}\right]_{o}^{a}$

[16] $E(z) = \frac{a^2}{2 \cdot \bar{y}}$ für $a < s < \bar{y}$.

Das von Hodgman verwendete Kriterium zur Beurteilung der Qualität von Kreditpositionen ist der Quotient aus erwarteter Gesamttilgung E(y) und erwartetem Verlust E(z).

[17] $\frac{E(y)}{E(z)} = (s - \frac{s^2}{2 \cdot \bar{y}}) / \frac{a^2}{2 \cdot \bar{y}} = \frac{2\bar{y}s}{a^2} - \frac{s^2}{a^2}$ für $a < s$

[18] $\frac{E(y)}{E(z)} = \frac{\bar{y}}{2} / \frac{a^2}{2 \cdot \bar{y}} = \frac{\bar{y}^2}{a^2}$ für $s \geq a$

Dieser Quotient muß, wenn der Kreditnehmer in den Augen der Bank als kreditfähig gelten soll, mindestens einem am Markt ermittelten $(E(y)/E(z))^+$-Verhältnis entsprechen, das wir mit b bezeichnen. Berücksichtigt man, daß der Zinssatz r, zu dem der Kreditbetrag ausgeliehen wird, den auf den Kreditbetrag a bezogenen Überschuß der Gesamttilgungsleistung s über den Kreditbetrag a darstellt, dann läßt sich der von der Bank bei alternativen Qualitätsanforderungen b vom Kreditnehmer geforderte Zins in Abhängigkeit von der Kredithöhe wie folgt anschreiben:

[19] $(a + r \cdot a - \frac{(a + ra)^2}{2 \cdot \bar{y}})\, \frac{2 \cdot \bar{y}}{a^2} = b$

[20] $b \cdot a = 2\bar{y}(1 + r) - a(1 + r)^2$

[21] $r = \frac{\bar{y} - a}{a} - \frac{1}{a} \sqrt{\bar{y}^2 - ba^2}$

Beziehung [21] stellt die für den Kreditnehmer geltende Kreditangebotsfunktion dar, wenn die zur Zeit geltenden Anforderungen an die Qualität von Krediten durch die Größe b beschrieben sind.

In der nachfolgenden Abb. 12 sind Angebotsfunktionen für den Kreditnehmer eingezeichnet, wenn b = 1; b = 2; b = 4 und b = 9 gesetzt werden und der maximal für möglich gehaltene Rückzahlungsbetrag $\bar{y}$ mit 1000 angenommen wird.

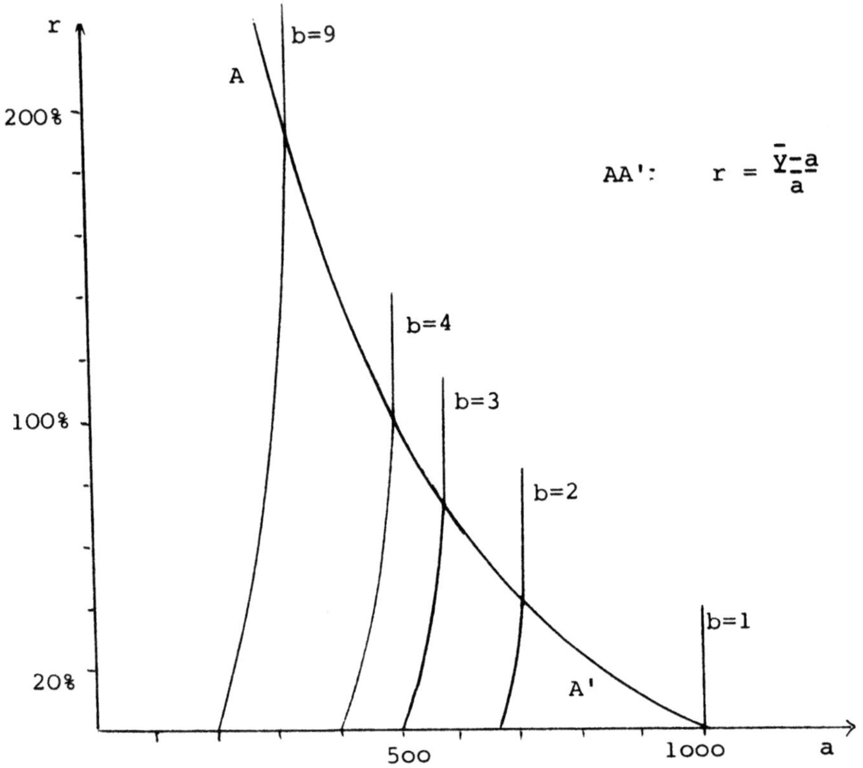


Abb. 12

Der erste Teil des Ausdrucks [21] gibt für alternative Kreditbeträge a den Zinssatz r an, der vom Standpunkt der Bank aus zu einem maximalen (E(y)/E(z))-Verhältnis führt (the "capacity to meet the terms which the lender may require" (157)). In der Abb. 12 ist diese Beziehung durch die Kurve AA' beschrieben. Der maximal mögliche Kreditbetrag ist durch den Ausdruck $\bar{y}/\sqrt{b}$ gegeben.

In der Abbildung ist ebenfalls ersichtlich, wie stark das von Hodgman angeführte Kriterium auf Variationen des Kreditbetrages reagiert und welche Zinsen geboten werden müssen, wenn die 'Sicherheit' der Position nicht mehr so groß ist, daß die Bank auf die Kalkulation einer Risikoprämie verzichten kann.

Greifen wir b = 4 als Anforderung der Bank heraus. Fragt der Kreditnehmer a = DM 400 nach, so wird er, auch ohne Zahlung einer Risikoprämie der Sicherheitsanforderung der Bank genügen. Aus [11]/[16] ergibt sich nämlich für a = s = 400 und $\bar{y}$ = 1000:

$$(400 - \frac{400^2}{2000})/\frac{400^2}{2000} = 5 - 1 = 4$$

(dasselbe gilt auch für Beträge unter DM 400). Fragt der Kreditnehmer aber DM 500 nach, dann werden diese ihm nur gegen eine Risikoprämie von 100 % gewährt. DM 500 sind gleichzeitig sein absolutes Kreditmaximum, denn nun hat er DM 500 Kredit und DM 500 an Zinsen zurückzuzahlen, was gerade dem von der Bank für den Kreditnehmer überhaupt als zumutbar veranschlagten Gesamttilgungsbetrag von $\bar{y}$ = DM 1000 entspricht. Man sieht hier auch leicht, daß eine Kreditrationierung im Sinne von Hodgman nur dann erfolgen kann, wenn vom Kreditnehmer ein s angeboten wird, das $\bar{y}$ übersteigt, wenn also der Kreditgeber nach seiner Einschätzung sicher ist, daß die Belastung des Kreditnehmers mit einer weiteren DM an Rückzahlungsanforderungen zur Zahlungsunfähigkeit des Kreditnehmers führen wird.

Unterstellt, eine Bank verwende das von Hodgman angewandte Entscheidungskriterium zur Beurteilung von Kreditpositionen, so führt dies zu Kreditangebotsfunktionen gegenüber potentiellen Kreditnehmern, die bis zu einem bestimmten als kritisch empfundenen Betrag die Abgeltung des Kreditrisikos durch eine spezielle Risikoprämie als nicht erforderlich erscheinen lassen. Von diesem kritischen Betrag an fordert die Bank zum Ausgleich des Risikos eine Prämie. Die Höhe dieser Prämie steigt mit wachsendem Kreditangebot steil an: Kreditrisiken lassen sich nach Hodgman in einem gewissen Bereich durch Prämien überwinden. Halten sich diese Prämien in ökonomisch vertretbaren Größenordnungen, dann ist, wie wir gesehen haben, die durch sie bewirkte Veränderung des Kreditangebots der Bank außerordentlich gering.

Neben dieser für uns wichtigen Einschränkung des Modellergebnisses von Hodgman, die sich auch bei Übernahme der von Hodgman unterstellten Annahmen ergab, müssen wir noch kurz auf die Implikationen dieser seinem Modell zugrunde liegenden Annahmen selbst eingehen:

1. Hodgman nimmt an, daß der Kreditgeber die Rückzahlungsfunktion eines Kreditnehmers ohne Berücksichtigung des von ihm zur Verfügung gestellten Kreditbetrages entwickelt. Banken sehen nach seiner Theorie die Eigenschaft eines Kreditnehmers, in Zukunft Zahlungsmittel zur Rückführung von Krediten zur Verfügung zu haben, als unabhängig davon an, welche Zahlungsmittelbeträge dem Kreditnehmer heute von der Bank zur Verfügung gestellt werden. Dies ist aber eine Annahme, die Banken im allgemeinen nur in solchen Fällen akzeptieren werden, in denen sie die Kreditfähigkeit eines Kreditnehmers im wesentlichen in dessen 'sicherem' Einkommen begründet sehen, wie dies bei Konsumentenkrediten von Kleinkreditkunden der Fall ist. (158) Mit der Formulierung von personenbezogenen Rückzahlungsverteilungen wird weiter angenommen, Banken schenkten dem Verwendungszweck ihrer Kredite keinerlei Beachtung. Auch diese

Annahme steht im Widerspruch zu dem Verhalten von Banken, die sich selbst bei vielen Kleinkreditkunden die Verwendung des Kreditbetrages angeben und häufig sogar nachweisen lassen. (159)

2. Eine Kreditrationierung im Sinne von Hodgman findet nur dann statt, wenn die Einschätzung der Rückzahlungsmöglichkeiten durch die Bank und den Kreditnehmer selbst stark auseinanderfallen. Aber auch dann ist bei einer realistischen Annahme über die Kreditnachfragefunktion des Kreditnehmers eine Kreditrationierung, wie sie Hodgman erklären will, nur dann möglich, wenn die Anforderungen an die Qualität von Krediten sehr gering sind und der gewünschte Kreditbetrag um oder über dem maximal möglichen Rückzahlungsbetrag liegt. Steigt die Anforderung an die Qualität von Krediten, so wird es stets zu einer 'traditionellen Rationierung über den Zins' kommen.

3. Banken werden in ihrer Kreditvergabe nicht so weit gehen, daß sie zu der Überzeugung gelangen, der versprochene Rückzahlungsbetrag sei mit dem Betrag identisch, den der Kreditnehmer nach ihrer Überzeugung maximal überhaupt werde aufbringen können: "... bankers do not like to bankrupt borrowers!" (160)

Ryder (161) und Miller (162) haben, ausgehend von dem Kreditrationierungsmodell von Hodgman, versucht, ein insoweit realitätsnäheres Modell zu konstruieren, als insbesondere der letzte Kritikpunkt durch die Einführung von Konkurskosten aufgehoben werden sollte. Während dabei Millers Konkurskosten in der Annahme von Krediteintreibungskosten beim Eintritt der Zahlungsunfähigkeit des Kreditnehmers bestehen, stellt Ryder auf die durch eine mögliche Zahlungsunfähigkeit des Kreditnehmers dem Kreditgeber entgehenden möglichen weiteren Erträge ab. (163)

## 2.3.2 Das Modell der Kreditrationierung von Ryder

Ryder versucht in seinem Modell des Kreditangebots einer Bank an einen einzelnen Kreditnehmer, einen Mechanismus zu entwikkeln, der die wesentlichen Überlegungen des Hodgman-Ansatzes berücksichtigt und der darüber hinaus davon ausgeht, "that a banker is not indifferent to the prospect of bankrupt customers and will refuse further credit to an individual borrower before the subjective certainty of the latter's bankruptcy arises." (164)

Ryder geht wie Hodgman von einer vom Kreditbetrag unabhängigen Kreditrückzahlungsfunktion aus:

[1] $P(Y \leq y) = 1 - \Phi(y)$ für $y < s$ und

[2] $P(Y = s) = \Phi(s)$ für $y \geq s$.

Als Zielsetzung der Bank unterstellt Ryder eine langfristige Maximierung der erwarteten internen Rendite der Kreditanlage bei einem Kreditnehmer.

Für die erste Anlageperiode wird die Bank eine interne Rendite von

$$[3] \quad \frac{E(y) - a}{a} = \frac{\int_o^s \Phi(y)\,dy - a}{a}$$

erwarten. Ist der Kreditnehmer am Ende der Kreditperiode nicht in der Lage, den gesamten Kreditbetrag und die vereinbarten Zinsen an die Bank abzuführen, dann bricht das Kreditverhältnis ab. Die Bank geht davon aus, daß sie die ihr aus der Konkursquote zukommenden Zahlungsmittel nicht anderweitig wieder ertragbringend anlegen kann. Bleibt der Kreditnehmer nach der Kredittilgung solvent, so wird eine Prolongation des Kredites bei gleichbleibenden Bedingungen angenommen, die in der zweiten Periode ebenfalls zu einer erwarteten internen Rendite von [3] führt. Die Wahrscheinlichkeit dafür, daß der Kreditnehmer nach der ersten Periode noch solvent ist und damit das Kreditverhältnis verlängert wird, beträgt $\Phi(s)$. Die erwartete interne Rendite für die zweite Anlageperiode ist demnach:

$$[4] \quad \frac{E(y) - a}{a}\,\Phi(s).$$

In der dritten Periode wird die Bank eine interne Rendite von [3] mit der Wahrscheinlichkeit $(\Phi(s))^2$ erwarten. Die langfristig erwartete interne Rendite wird dann nach Ryder angegeben durch:

$$[5] \quad \frac{E(y) - a}{a} + \frac{E(y) - a}{a}\,\Phi(s) + \frac{E(y) - a}{a}\,(\Phi(s))^2 + \ldots\ldots$$

$$[6] \quad = \frac{E(y) - a}{a} \sum_{i=o}^{\infty} (\Phi(s))^i$$

$$[7] \quad = \frac{E(y) - a}{a} \cdot \frac{1}{1 - \Phi(s)} = \frac{\int_o^s \Phi(y)\,dy - a}{a(1 - \Phi(s))}$$

Aufgrund des Marktwettbewerbs wird die Bank wieder von einer vorgegebenen durchschnittlichen internen Rendite b ausgehen können, die wiederum als Ausscheidungsziffer bei der Beurteilung von Kreditpositionen dienen soll.

Die Kreditangebotsfunktion der Bank kann dann für einen bestimmten Kreditnehmer angegeben werden durch:

$$[8] \quad b \leq \frac{\int_o^s \Phi(y)\,dy - a}{a(1 - \Phi(s))}$$

$$[9] \qquad a^+ = \frac{\int_o^s \Phi(y)\, dy}{1 + b(1 - \Phi(s))}$$

Um den Verlauf der Kreditangebotsfunktion von Ryder auf einfache Weise verfolgen zu können, gehen wir wieder von der Annahme einer Gleichverteilung der Kreditrückzahlungsbeträge aus mit

$$[10] \qquad -\Phi'(y) = 1/\bar{y} \qquad \text{für } o \leq y \leq \bar{y}.$$

Der Erwartungswert der Rückzahlung ist dann

$$[11] \qquad E(y) = \int_o^s \frac{1}{\bar{y}}\, y\, dy = s - \frac{s^2}{2\cdot\bar{y}}$$

Die Wahrscheinlichkeit, daß der vereinbarte Gesamttilgungsbetrag s vollständig bezahlt werden kann, ist

$$[12] \qquad \Phi(s) = \int_s^{\bar{y}} -\Phi'(y)\, dy = \int_s^{\bar{y}} \frac{1}{\bar{y}}\, dy = \left[\frac{y}{\bar{y}}\right]_s^{\bar{y}} = 1 - \frac{s}{\bar{y}}$$

Wir setzen [11] und [12] in [9] ein und erhalten als maximales Kreditangebot der Bank in Abhängigkeit vom Gesamttilgungsbetrag s:

$$[13] \qquad a^+ = \frac{s - s^2/2\bar{y}}{1 + b(1 - 1 + s/\bar{y})} = \frac{s(2\bar{y} - s)}{2(\bar{y} + bs)}.$$

Berücksichtigen wir, daß der Gesamttilgungsbetrag s sich aus dem Kreditbetrag a und dem vereinbarten Zinsendienst r·a zusammensetzt, so daß

$$[14] \qquad a^+ = \frac{2\bar{y}(a + ar) - (a + ar)^2}{2\bar{y} + 2b(a + ar)}$$

gilt, dann läßt sich der von der Bank angebotene Höchstkreditbetrag $a^+$ bei vorgegebenen Qualitätsanforderungen b in Abhängigkeit von dem vom Kreditnehmer zu zahlenden Zinssatz r angeben:

$$[15] \qquad a^+ = \frac{2\bar{y}r}{2b(1 + r) + (1 + r)^2}$$

Differenzieren wir [15] nach r und setzen gleich Null, so ergibt sich, daß der Zinssatz, der zu einem maximalen Kreditangebot führt, allein von den Qualitätsanforderungen der Bank abhängig ist:

$$[16] \quad \hat{r} = \sqrt{2b + 1}$$

Der vom Kreditgeber bei diesem Zinssatz angebotene Kredit hat dann eine Höhe von:

$$[17] \quad \hat{a} = \frac{\bar{y}}{b + 1 + \sqrt{2b + 1}}$$

Der vom Standpunkt des Kreditgebers maximal erreichbare Zinssatz ist aber wegen $ar + a \leq \bar{y}$ bestimmt durch

$$[18] \quad \frac{\bar{y}}{r + 1} = \frac{2\bar{y}r}{2b(1 + r) + (1 + r)^2}$$

$$[19] \quad \bar{r} = 2b + 1$$

Bei diesem maximal erzielbaren Zinssatz ist aber das Kreditangebot für b > O geringer als das durch [17] beschriebene:

$$[20] \quad \bar{a} = \frac{2\bar{y}(2b + 1)}{2b(2b + 2) + (2b + 2)^2} = \frac{2\bar{y}(2b + 1)}{(2b + 2)(4b + 2)}$$

$$[21] \quad \bar{a} = \frac{\bar{y}}{2b + 2} = \frac{\bar{y}}{b+1 + b+1}$$

Daraus folgt:

$$[22] \quad \bar{a} < \hat{a} \qquad \text{für } b > O \text{ wegen}$$

$$\frac{\bar{y}}{b+1 + b+1} < \frac{\bar{y}}{b+1 + \sqrt{2b+1}}$$

$$\sqrt{2b + 1} < b + 1$$

Wir sehen, daß wenn einmal der Kreditnehmer einen Zinssatz $\hat{r}$ geboten hat, ein weiteres Ansteigen seines Zinsversprechens nicht nur den von der Bank erlangbaren Kreditbetrag nicht erhöhen, sondern sogar das Kreditangebot der Bank vermindern wird. Dies erfolgt, da der aus der durch das hohe Zinsgebot steigenden Illiquiditätswahrscheinlichkeit resultierende Renditeverlust die momentane Renditesteigerung mehr als kompensiert.

Die nachfolgende Abb. 13 gibt den Verlauf der Kreditangebotsfunktion für $b = 0$ und $b = 0{,}2$ wieder, wenn $\bar{y} = 1000$ gesetzt wird.

Die Kurve $\bar{r} = 2b + 1$ gibt die bei alternativen Marktbedingungen vom Standpunkt der Bank aus maximal erreichbaren Zinssätze an. Diese Kurve stimmt mit der Linie maximalen Kreditangebots bei einperiodiger Maximierung der Erwartungsrenditen überein. Die Kurve $\hat{r} = \sqrt{2b + 1}$ gibt den maximalen Kreditspielraum des Kreditnehmers in Abhängigkeit von den Marktbedingungen bei angenommener langfristiger Maximierung der internen Rendite wieder.

Folgt man dem Gedankengang Ryders, so kommt eine Kreditrationierung im Sinne von Hodgman nicht in Frage, da kein Kreditnehmer bereit sein wird, über das Zinsgebot, das zu einem maximalen Kreditspielraum führt, hinauszugehen.

Die Kritik an Ryders Modell des Kreditangebots einer Bank ergibt sich zum einen aus der von Hodgman übernommenen Annahme einer vom Kreditbetrag und dem Verwendungszweck des Kredits unabhängigen Rückzahlungsfunktion, zum anderen aus dem durch das Kreditvergabekriterium den Banken unterstellte Denken von einer Kreditanlage als 'unsicherer ewiger Rente'. Hier wird unterstellt:

- die Kreditfähigkeit eines Kreditnehmers ist über einen beliebig langen Zeitraum unverändert anzunehmen;

- der Kreditnehmer wird seinen Kredit zu den gleichen Konditionen stets prolongieren, soweit er in der abgelaufenen Periode solvent geblieben ist;

- die Bank sieht für Konkursquoten im Falle der Illiquidität des Kreditnehmers ausschließlich eine Kassenhaltung vor.

Neben diesen unplausiblen Annahmen geht Ryder in seinem Modell von einem Entscheidungskriterium aus, das bei näherer Betrachtung ökonomisch nicht sinnvoll erklärt werden kann. Geht in [7] $\Phi(s)$ gegen 1, wie dies z.B. bei einer Kreditvergabe an den Staat unterstellt werden kann, dann führt ein wie hoch auch immer angesetzter positiver Zinssatz stets zu einer 'langfristigen internen Rendite' von Unendlich. Renditezahlen enthalten eben im Zähler einen bestimmten Gewinn pro Periode und im Nenner das in eben dieser Periode eingesetzte Vermögen. Hier wird der Erwartungswert des Gewinns (genauer der Rückzahlung) über einen unendlich langen Zeitraum in Beziehung zu dem in einer einzigen Periode eingesetzten Vermögen bezogen. Eine solche Ziffer ist ökonomisch nicht sinnvoll interpretierbar.

Ryders Modell kann daher nicht als konsistentes und realistisches Modell des Kreditangebots einer Bank angesehen werden.

### 2.3.3 Das Konkurskostenmodell von Miller

Ebenso wie Ryder hat Miller (165) in seinem Modell des individuellen Kreditangebots einer Bank versucht, die in Hodgmans

| b = O | |
|---|---|
| r = O | a = O |
| r = o,1 | a = 165 |
| r = o,2 | a = 278 |
| r = o,5 | a = 444 |
| r = o,8 | a = 494 |
| r = 1,o | a = 5oo |

| b = o,2 | |
|---|---|
| r = O | a = O |
| r = o,1 | a = 121 |
| r = o,2 | a = 2o8 |
| r = o,5 | a = 351 |
| r = o,8 | a = 4o4 |
| r = 1,o | a = 416,6 |
| r = 1,18 | a = 419,6 |
| r = 1,4 | a = 416,6 |

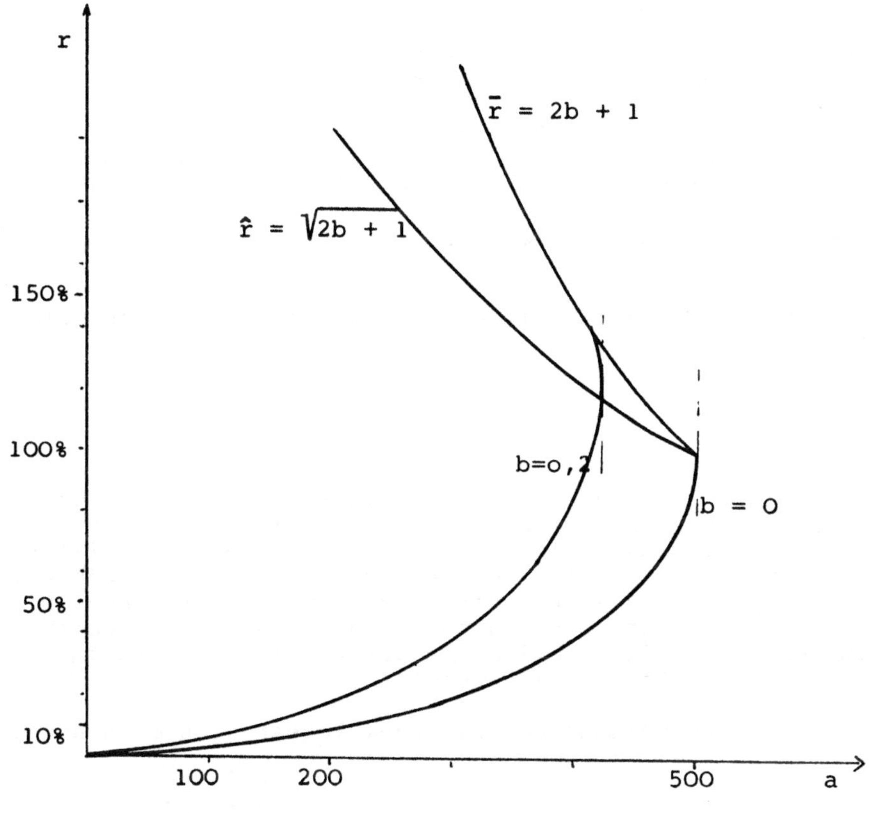


Abb. 13

Modell implizierte Annahme aufzuheben, Banken dehnten ihre Kreditvergabe an einen Kreditnehmer maximal bis zu jenem Kreditrückzahlungsbetrag aus, von dem an sie subjektiv sicher sind, daß ein zusätzlicher durch die Erhöhung des Kredites selbst oder des geforderten Zinsendienstes hervorgerufener Kreditrückzahlungsbetrag zur Zahlungsunfähigkeit des Kreditnehmers führt und nur noch Teilrückflüsse aus der Konkursquote zu erwarten sind. Das Verhalten von Banken, schon vor dem als ruinös empfundenen Kreditrückzahlungsbetrag von einer weiteren Ausdehnung der Kreditlinie abzusehen, erklärt Ryder durch das Streben der Banken nach einer langfristigen Maximierung der Rendite des Kreditengagements. Miller kommt zu einem ganz ähnlichen Ergebnis durch die Einführung von Konkurskosten.

Wenn wir die in den Modellen von Hodgman und Ryder verwendeten Bezeichnungen beibehalten, läßt sich der Ausgangspunkt des Modells von Miller wie folgt darstellen:

a) Ein Kreditnehmer beabsichtigt, eine Investition, die eine Anfangsauszahlung von $a_o$ erfordert, mit Eigenmitteln e und einem Bankkredit $a = a_o - e$ zu finanzieren.

b) Der Wert der Investition am Ende der Periode betrage Y, wobei die Schätzungen der Bank und des Kreditnehmers übereinstimmen und sich durch die Dichte $-\Phi'(y)$ angeben lassen.

c) Der Kreditnehmer bietet der Bank einen Rückzahlungsbetrag von $s = a(1 + r)$ an.

d) Die Position des Kreditgebers läßt sich dann darstellen als:

$$s = a(1 + r) \qquad \text{für } y > s \text{ und}$$

$$y \qquad \text{für } y < s.$$

e) Führt die Realisation der Zufallsgröße Y am Ende der Kreditperiode zu einem Betrag, der unter dem vereinbarten Kreditrückzahlungsbetrag s liegt, dann hat die Bank nach Miller mit Krediteintreibungskosten (Notariats- und Gerichtsgebühren, Verkaufsspesen des Konkursverwalters etc.) zu rechnen. Die Krediteintreibungskosten lassen sich durch einen Sockelbetrag K und einen von der Realisation der Zufallsgröße abhängigen Betrag $k \cdot y$ mit $0 < k < 1$ darstellen.

f) Die Nettorückflüsse bei der Bank lassen sich dann angeben durch

$$s = a(1 + r) \qquad \text{für } y > s \text{ und}$$

$$y(1 - k) - K \qquad \text{für } y < s.$$

g) Die Bank verfügt über ein Vermögen x, das sich aus einem sicher verzinslichen Vermögen $(x - a)$ und dem Kredit a zusammensetzt. Das Vermögen am Ende der Kreditperiode beträgt dann für $y > s$: $(x-a)(1+\hat{r}) + a(1+r)$, wobei wir mit $\hat{r}$ die Verzinsung der sicheren Anlage bezeichnen.

h) Die Nutzenfunktion der Bank läßt sich quadratisch approximieren durch

$u(x) = b_o + b_1x - b_2x^2$, so daß der Erwartungswert des

Nutzens durch

$E(u(x)) = b_o + b_1E(x) - b_2E(x^2)$ gegeben ist.

Zerlegt man das erwartete Endvermögen in das sichere Endvermögen $(x - a)(1 + \hat{r})$ und das aus der Kreditvergabe erwartete Endvermögen $E(a)$, so gilt:

$$E(u(x)) = b_o + b_1(x-a)(1+\hat{r}) - b_2((x-a)(1+\hat{r}))^2$$

$$+ (b_1-2b_2(x-a)(1+\hat{r}))\ E(a) - b_2E(a^2),$$

wobei sich der Erwartungswert der Kreditrückzahlung anschreiben läßt als

$$E(a) = s\int_s^{\infty} - \Phi'(y)dy + (1-k)\int_o^{s} - \Phi'(y)ydy - K\int_o^{s} - \Phi'(y)dy.$$

i) Setzt man $(1+\hat{r}) = \hat{R}$ und $(1+r) = R$, dann läßt sich der Erwartungswert des Nutzens in Abhängigkeit vom Zinssatz, ohne die analytische Ableitung des Ergebnisses weiter zu verfolgen, graphisch darstellen: (166)

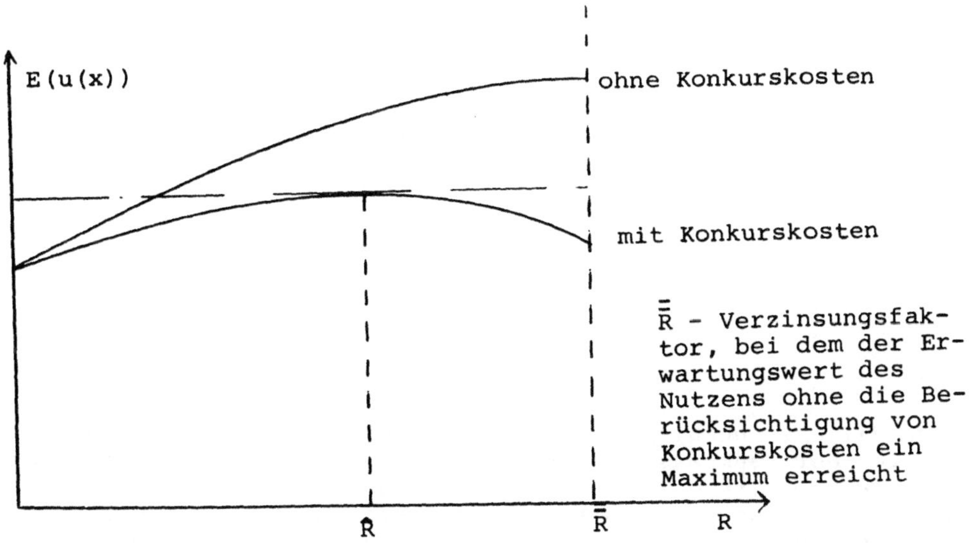


Abb. 14

Die vom Standpunkt der Bank aus optimale Zinsbelastung des Kreditnehmers wird bei Berücksichtigung von Krediteintreibungskosten niedriger sein, als wenn man solche Kosten nicht berücksichtigt. Das maximale Kreditangebot der Bank ist damit ohne Berücksichtigung von Konkurskosten höher als mit der Berücksichtigung solcher Kosten.

Die von Miller vorgenommene Einbeziehung von Krediteintreibungskosten für den Fall der Insolvenz des Kreditnehmers in den Kalkül der Bank ist aber u.E. kein sinnvoller Ausgangspunkt zur Formulierung eines Modells der Einzelkreditvergabe. In der Darstellung der Kreditposition als Erwartungsstruktur würde sich aus den Annahmen Millers etwa folgendes Bild angeben lassen:

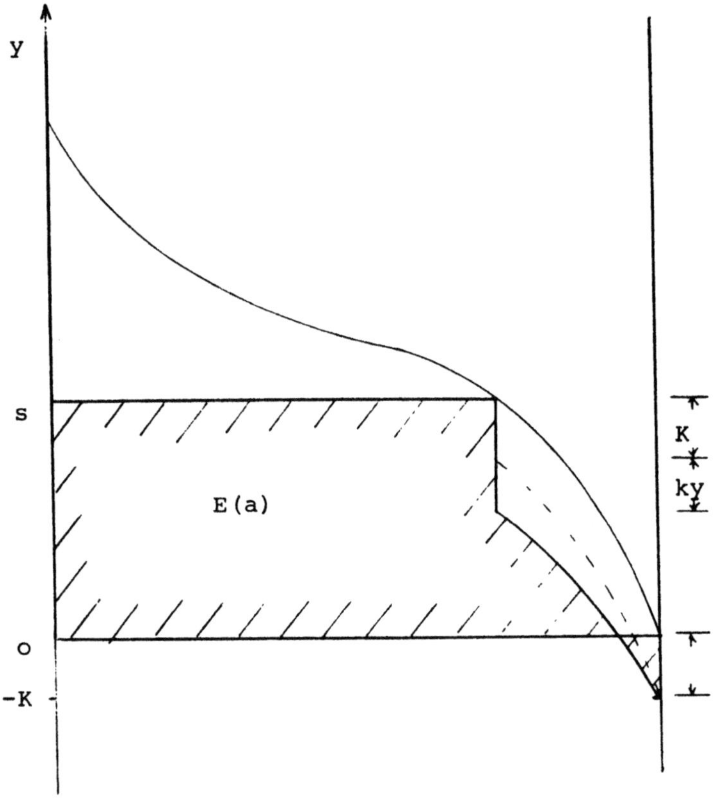


Abb. 15

Nach Millers Annahmen wird die Φ-Funktion vom Kreditnehmer wie von der Bank aus gleich beurteilt. Die Bank berücksichtigt aber zur Ableitung ihrer Kreditposition für den Fall Krediteintreibungskosten, in dem die Realisation der Zufallsgröße Y zu einem Betrag führt, der niedriger ist als der Gesamttilgungsbetrag s. Eine dermaßen vorgenommene Berücksichtigung von Krediteintreibungskosten beruht u.E. auf einer Inkonsistenz der Erwartungsbildung des Kreditgebers, denn

- entweder handelt es sich bei der $\Phi$-Funktion um mit gewissen Wahrscheinlichkeiten angenommene Zahlungsmittelbestände, die sich beim Kreditnehmer während der Kreditlaufzeit angesammelt haben und die dann zur Rückführung des Kredits dienen können; dann aber ist die Annahme unplausibel, der Kreditnehmer tilge ordnungsgemäß, wenn er dazu in der Lage ist; reichen dagegen seine Zahlungsmittelbestände gerade nur um eine DM nicht zur vollständigen Tilgung, dann führt er nur einen Teilbetrag der vorhandenen Zahlungsmittelbestände ab (Abhängigkeit der Kreditwürdigkeit eines Kreditnehmers von seiner Zahlungsfähigkeit);

- oder, und darauf deutet die Einführung von Krediteintreibungskosten eher hin, es handelt sich bei der $\Phi$-Funktion um eine Abschätzung von Erlösen aus der Liquidation des kreditnehmenden Unternehmens. Dann ist es aber nicht sinnvoll, die Höhe der hinzunehmenden Liquidationsdisagios der Vermögensgegenstände des Kreditnehmers von der Höhe des Gesamttilgungsbetrages abhängig zu machen. Krediteintreibungskosten sind dann insgesamt bei der Abschätzung der Erwartungsstruktur der Liquidationserlöse mitzuberücksichtigen. Gewiß ist es möglich, daß die Schätzung der Liquidationserlöse zu einer Erwartungsstruktur führt, die eine Unstetigkeitsstelle, einen Bruch, aufweist, daß aber umgekehrt die vermuteten Liquidationserlöse gerade immer für jenen Betrag stark abfallen, der mit dem Gesamttilgungsbetrag identisch ist, kann nicht hinreichend begründet werden (Abhängigkeit des Liquidationserlöses von Vermögensgegenständen von der Höhe des Gesamttilgungsbetrages). Eine solche Annahme läßt sich sinnvoll nur für den Fall treffen, daß mehrere Gläubiger an der Finanzierung der Vermögensposition des Kreditnehmers beteiligt sind. Dies wird aber in dem Modell nicht vorausgesetzt; bei der Ableitung der einzelnen Kreditposition müßten dann die Ansprüche der anderen Gläubiger mitberücksichtigt werden.

Auch Millers Modell kann daher nicht als konsistentes Modell des Kreditangebots einer Bank betrachtet werden.

### 2.3.4 Das Modell des Kreditangebots von Freimer und Gordon

Zielsetzung des Kreditrationierungsmodells von Freimer und Gordon (167) ist die Bestimmung des Kreditangebots einer Bank an einen Kreditnehmer unter der Voraussetzung, daß die Bank den erwarteten Gewinn aus der Kreditvergabe an einen Kreditnehmer zu maximieren sucht.

Freimer und Gordon gehen in ihrem Modell von einem Sachinvestor aus, der zur Wahrnehmung einer einperiodigen Investitionschance ein Unternehmen gründet. Der Zahlungsmittelbetrag, der zur Durchführung der Investition benötigt wird, sei $a_o = 1$. In der bisher verwendeten Schreibweise kann die Dichtefunktion der Erträge aus der Investition durch $-\Phi'(y)$ angegeben werden. Nimmt der Investor zur Finanzierung dieser Position einen Kredit in Höhe von a auf, dann hat er den Betrag $1 - a$ aus Eigenmitteln zur Verfügung zu stellen. Bezeichnet man den Kreditzinssatz mit r, so daß der Gesamttilgungsbetrag am Ende der Periode $s = a(1+r)$ beträgt, und berücksichtigt man, daß die finanziellen Ressourcen des Kreditnehmers am Ende der Kreditlaufzeit auf die Rückflüsse aus der Investition beschränkt sind, dann kann die Position der Bank durch die Verteilung

[1] $P(Y \leq y) = 1 - \Phi(y)$ für $y < s$ und

[2] $P(Y = s) = \Phi(s)$ für $y > s$

angegeben werden. Der erwartete Gewinn aus dieser Anlage läßt sich bei einem Refinanzierungszinsfuß i dann anschreiben als:

[3] $$E(G) = \int_{o}^{a(1+r)} - \Phi'(y)ydy + a(1+r) \int_{a(1+r)}^{\infty} - \Phi'(y)dy - a(1+i).$$

Zur weiteren Ableitung des Kreditangebots gehen Freimer und Gordon von einer Gleichverteilung der Rückzahlungsbeträge innerhalb des Bereichs $c < y < c + \bar{y}$ aus, wobei c den Mindestliquidationserlös bezeichnet, so daß sich die Dichtefunktion der Liquidationserlöse des Unternehmensvermögens angeben läßt als:

[4] $$- \Phi'(y) = \frac{1}{\bar{y}} \qquad \text{für } c < y < c + \bar{y}$$

$\bar{y}$ bezeichnet hier den Bereich, in dem mögliche Liquidationserlöse den Mindestliquidationserlös übersteigen können; für $c = o$ stellt $\bar{y}$ den maximal möglichen Liquidationserlös dar.

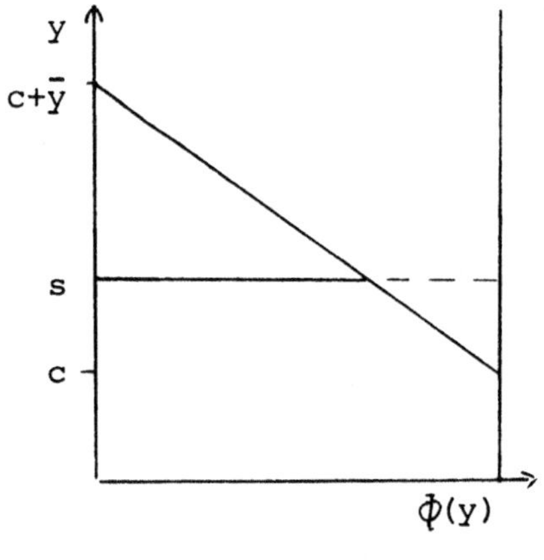


Abb. 16

Der aus der Kreditvergabe erwartete Gewinn der Bank läßt sich dann angeben als:

$$[5] \quad E(G) = \int_{c}^{a(1+r)} \frac{y}{\bar{y}}\, dy + a(1+r) \int_{a(1+r)}^{\bar{y}+c} \frac{1}{\bar{y}}\, dy - a(1+i)$$

$$[6] \quad = \left[ \frac{y^2}{2\cdot\bar{y}} \right]_{c}^{a(1+r)} + a(1+r) \left[ \frac{y}{\bar{y}} \right]_{a(1+r)}^{\bar{y}+c} - a(1+i)$$

$$[7] \quad = a(r-i) + \frac{c}{2\cdot\bar{y}} (2a+2ar-c) - \frac{a^2}{2\cdot\bar{y}} (1+r)^2$$

Freimer und Gordon gehen zunächst von einem fest vorgegebenen Kreditzinssatz aus, so daß sich durch Ableitung von [7] nach a der Kreditspielraum des Investors in Abhängigkeit von dem angebotenen Zinssatz bestimmen läßt:

$$[8] \quad \frac{dE(G)}{da} = (r-i) + \frac{c}{\bar{y}} (1+r) - \frac{a}{\bar{y}} (1+r)^2$$

Für $dE(G)/da = 0$ ergibt sich dann der Kreditspielraum $\hat{a}$:

$$[9] \quad \hat{a} = \frac{c}{1 + r} + \frac{\bar{y}(r - i)}{(1 + r)^2}$$

Lassen wir nun Variationen von r zu und betrachten die durch sie bewirkte Veränderung des Kreditspielraums, dann läßt sich der maximal erreichbare Kreditspielraum angeben:

$$[10] \quad \frac{d\hat{a}}{dr} = \frac{\bar{y}}{(1 + r)^2} - \frac{c}{(1 + r)^2} - \frac{2\bar{y}(r - i)}{(1 + r)^3}$$

$$[11] \quad = \frac{\bar{y}(1 + 2i) - c - r(\bar{y} + c)}{(1 + r)^3}$$

Setzt man $d\hat{a}/dr = 0$, so ergibt sich jener Zinssatz, der zu einem maximalen Kreditangebot der Bank führt.

$$[12] \quad \bar{r} = \frac{\bar{y}(1 + 2i) - c}{\bar{y} + c}$$

Für diesen Zinssatz $\bar{r}$ läßt sich durch Einsetzen in Gl. [9] das Maximum Maximorum der Kreditvergabe bestimmen.

Ist z.B. $c = 0$, schließt die Bank also den Fall eines totalen Vermögensverlustes beim Kreditnehmer nicht aus, dann stellt sich $\bar{r}$ auf $1 + 2i$ und damit $\bar{a} = \frac{\bar{y}}{4(1 + i)}$.

Ist weiter der von der Bank angenommene Refinanzierungszinssatz (Opportunitätskostensatz) $i = 0$, dann ist der Kreditzinssatz, der zu dem höchstmöglichen Kr..itspielraum führt gleich 1, also 100 %; dies führt zu $\bar{a} = \bar{y}/4$. Wird $\bar{y} < 4$ angesetzt, d.h. die erwartete Rendite der Investition geringer als 100 %, so wird die Bank in keinem Fall die gesamte Investition finanzieren, gleichgültig, welcher Zinssatz ihr angeboten wird.

Um die Empfindlichkeit der für die Bank optimalen Kredithöhe in Abhängigkeit von Zinssatzänderungen zu prüfen, soll an Hand der nachfolgenden Abb. 17 die Veränderung des angebotenen Kredits bei unterschiedlichen Verteilungen in Abhängigkeit vom geforderten Zinssatz betrachtet werden. Ausgangspunkt ist eine Investition mit einer erwarteten internen Verzinsung von 10 %. Für c = 0 ergibt sich dann $\bar{y} = 2,2$; für c = 0,3 ergibt sich $\bar{y} = 1,6$ und für c = 0,6 wird $\bar{y} = 1,0$. Mit wachsendem c wird die interne Rendite 'sicherer' erzielt, die Streuung der in Betracht gezogenen internen Renditen um ihren Erwartungswert wird geringer. Es werden nur Positionen berücksichtigt, deren erwarteter Gewinn größer als Null ist, d.h. der vom Kreditnehmer geforderte Zinssatz soll nicht unter den Einlagenzinssatz der Bank fallen.

Wie aus der Abbildung zu erkennen ist, wird die Bank für einen Einlagenzinssatz von 4 % und einer angenommenen 10-prozentigen internen Verzinsung der Investition, sofern sie 0,3 als niedrigste Konkursquote schätzt, zu einem Zinssatz von 5 % drei Zehntel der Investitionsausgaben übernehmen; steigt dieser Zinssatz auf das Doppelte, so wird sie ihr Kreditangebot nur auf 35/100 ausdehnen. Erst bei einem Zinssatz von 75 % wird das Kreditmaximum erreicht, das in der Finanzierung von rund 55 % des Investitionsbetrages besteht.

Verringert sich die Streuung der internen Renditen, so läßt die Abhängigkeit des Kreditangebots vom angebotenen Zinssatz noch weiter nach. Bei einer als minimal angenommenen Konkursquote von 60 % wird die Bank ca. 60 % des Investitionsbetrages übernehmen, gleichgültig welcher Zinssatz ihr angeboten wurde. Das Kreditangebot der Bank verhält sich bei weniger riskanten Investitionen zunehmend starrer.

Freimer und Gordon kommen damit in ihrem Modell zu folgendem Ergebnis:

- bei relativ risikoarmen Investitionen ist das optimale Kreditangebot der Bank praktisch unabhängig vom angebotenen Zins;

- bei riskanten Investitionen steigt der angebotene Kreditbetrag mit den gebotenen Zinsen bis zu einer bestimmten Grenze. Dabei bewegen sich aber die Zinssätze, die zur Ausdehnung des Kreditspielraums benötigt werden, rasch in Größenordnungen hinein, die sich empirisch nicht mehr beobachten lassen.

Im Verhalten von Banken wird sich also eher das nachweisen lassen, was Freimer und Gordon als 'strict credit rationing' bezeichnen im Gegensatz zu einem 'weak credit rationing', von dem die übrigen Modelle zur Kreditrationierung ausgegangen sind, bei dem der Kreditspielraum eines Investors sich merklich innerhalb gewisser Grenzen durch Zinssatzvariationen verändern läßt.

I. $c = 0; \quad \bar{y} = 2{,}2; \quad i = 0{,}04$

| | |
|---|---|
| r = o,o5 | a = o,o2 |
| r = o,1 | a = o,11 |
| r = o,2 | a = o,24 |
| r = o,5 | a = o,45 |
| r = 1,o | a = o,528 |
| r = 1,o8 | a = o,53 |

II. $c = 0{,}3; \quad \bar{y} = 1{,}6; \quad i = 0{,}04$

| | |
|---|---|
| r = o,o5 | a = o,3 |
| r = o,1 | a = o,35 |
| r = o,2 | a = o,43 |
| r = o,5 | a = o,53 |
| r = o,75 | a = o,54 |

III. $c = 0{,}6; \quad \bar{y} = 1{,}0; \quad i = 0{,}04$

| | |
|---|---|
| r = o,o5 | a = o,55 |
| r = o,1 | a = o,595 |
| r = o,3 | a = o,615 |

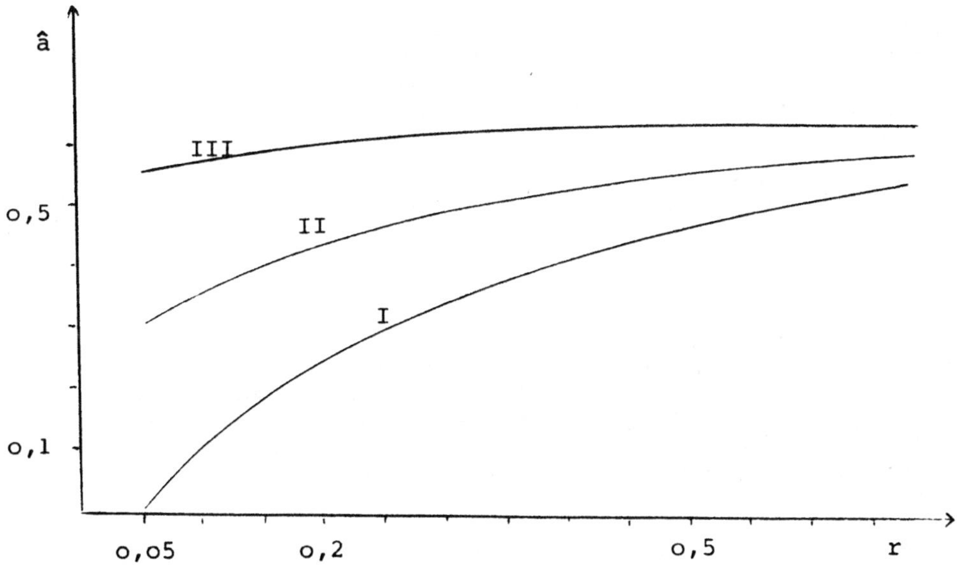


Abb. 17

## 2.4 Ergebnisse der Kreditrationierungsmodelle

Zur Beantwortung der Frage nach dem individuellen Kreditangebot einer Bank an einen Sachinvestor, der sein Investitionsprogramm bereits festgelegt hat, hatten wir zunächst gezeigt, wie sich die Gläubigerposition an diesem Unternehmen aus der Analyse des leistungswirtschaftlichen Risikos ableiten läßt. Wir hatten dann die Frage gestellt, ob die Höhe dieser Gläubigerposition (der Kreditspielraum des Sachinvestors) vom Standpunkt des Fremdkapitalgebers begrenzt wird, auch wenn durch erhöhte Zinszahlungen des Kreditnehmers eine Kompensation der mit wachsendem Kreditengagement steigenden Ausfallrisiken des Gläubigers versucht wird. Mögliche Antworten auf diese Frage ließen sich durch drei Modelltypen umreißen:

1. Kreditlimitierungsmodelle

In diesen Modellen wird davon ausgegangen, daß der Kreditspielraum eines Sachinvestors durch generell festgesetzte Beleihungssätze oder vorgegebene Finanzierungsregeln festgelegt ist, ohne daß die spezifischen Ertragschancen und Verlustrisiken dieses Unternehmens und ohne daß der Kreditzins einen Einfluß auf den Kreditspielraum des Unternehmens besitzen.

2. Kreditrationierungsmodelle

Diese Modelle beziehen die Unsicherheit der Planungsdaten des Unternehmens explizit in den Kalkül einer Bestimmung des Kreditspielraums ein und berücksichtigen damit die Tatsache, daß die Entscheidung über eine Investition in einen Debitor grundsätzlich von den gleichen Überlegungen auszugehen hat, die bei der Investitionsplanung für Sachvermögensbestände angestellt werden müssen. Kreditrationierungsmodelle unterscheiden sich bezüglich des den Banken unterstellten Entscheidungsverhaltens. Es ließen sich zwei typische Annahmen herausstellen:

a) Kreditrationierung bei fixiertem Zinssatz

Hier legt die Bank fest, welche Kreditrisiken sie bei gegebenen Marktverhältnissen zu einem bestimmten Zeitpunkt hinzunehmen bereit ist (Sicherheitsniveau, Risikohorizont). Da die Bank gegenüber weitergehenden Kreditrisiken eine totale Aversion zeigt, ist sie zu einer Ausdehnung ihres Kreditangebots auch bei einer zum Ausgleich angebotenen Risikoprämie nicht bereit.

b) Kreditrationierung bei variablem Zinssatz

Die Bank besitzt nach diesen Modellen einen Indifferenzbereich, in dem Kreditrisiken und Kreditzinsen als substituierbar angesehen werden. Der Kreditspielraum eines Unternehmens ist damit u.a. eine Funktion der Zinszahlungen, die das Unternehmen zu zahlen bereit ist. Geht man von diesem letzten Modelltyp aus, dann fragt sich, ob der Kreditspielraum eines Unternehmens

- durch die bei steigenden Zinszahlungen abnehmende Neigung des Sachinvestors zu weiterer Verschuldung (traditional interest rationing) oder

- schon vor diesem Verschuldungsgrad durch ein Abbrechen der Substituierbarkeit von wachsenden Kreditrisiken durch Zinszahlungen ausgeschöpft wird (credit rationing).

Die Absicht der vorgetragenen Modellansätze war es, ein solches Abbrechen der Substituierbarkeit aus dem Entscheidungsverhalten der Banken zu erklären.

Wir haben dagegen diese Ansätze dazu benutzt, innerhalb des von ihnen vorgegebenen Modellrahmens zu untersuchen, welchen Bereich einer möglichen Substitution von Kreditrisiken durch Risikoprämien sie im Entscheidungsverhalten der Banken unterstellen und sind dabei im einzelnen zu folgenden Ergebnissen gekommen:

1. Unterstellt man die Annahmen der Modelle, dann sind Banken lediglich bereit, einen bestimmten Teil des von einem Kreditnehmer (Sachinvestor) geplanten Investitionsprogramms fremd zu finanzieren. Dieser Teil (der Kreditspielraum des Sachinvestors) hängt im wesentlichen von der sich aus dem Investitionsprogramm ergebenden erwarteten internen Verzinsung, der erwarteten Unternehmensrendite, ab und dem Grad der Sicherheit, mit dem mit der Erwirtschaftung der Unternehmensrendite gerechnet werden kann (Streuung der für möglich gehaltenen Unternehmensrenditen um die erwartete Rendite). Wir haben die Bestimmungsgründe für die absolute Höhe dieses Zinssatzes nicht weiter verfolgt, sondern wollten prüfen, ob eine Erhöhung dieses Zinssatzes, die sich dann als Risikoprämie interpretieren läßt, zu einer Ausdehnung des Anteils der Fremdkapitalposition an dem zu finanzierenden Unternehmen führt.

2. Die Auswertung der vorliegenden Modelle der Kreditrationierung bei ökonomisch sinnvollen Annahmen, (wobei unter ökonomisch sinnvollen Annahmen verstanden wird, daß das dem Bonitätsrisiko äquivalente Entgelt nicht Zinssätze von 30, 50 oder 100 % erreichen soll (168), die von Banken in der Öffentlichkeit nicht mehr vertreten werden können oder die die Banken dem Vorwurf des Zinswuchers auszusetzen vermögen) hat gezeigt, daß eine Risikokompensation bis zu einem gewissen geringen Grade gelingt (169), daß aber die Heraufsetzung dieser Zinssätze und damit die ausdrückliche Kalkulation einer Risikoprämie als Zinsbestandteil wegen der geringen Variabilität des Kreditangebots bei unterschiedlichen Risikoprämien nur zu einer geringfügigen Ausdehnung des Kreditangebots führt, sollen sich die Risikoprämien in vertretbaren Größenordnungen bewegen. "Handeln die Banken in Übereinstimmung mit ihren Bonitätserwartungen, so ist die aktive Verwendung der Variation der Bonitätsanforderungen als Ausnahmefall der Bankabsatzpolitik anzusehen." (170)

Wenn sich aber in der bankwirtschaftlichen Praxis differenzierte Zinssätze im Kreditgeschäft beobachten lassen, dann kann man aus dem vorgetragenen Ergebnis folgern, daß diese weniger aus dem unterschiedlichen Risikogehalt der Kreditpositionen resultieren als aus anderen Bedingungen der Kreditvergabe. So kann etwa ein Kreditnehmer über seine Verhandlungsmacht gegenüber der Bank, die er aus seiner Gesamtleistungsabnahme etwa auch im Effektengeschäft oder im Auslandsgeschäft erreicht, versuchen, zu Sonderkonditionen im Kreditgeschäft zu gelangen; so wird etwa eine Bank demjenigen Kreditnehmer günstigere Kreditkonditionen einräumen, der sie durch Einreichung geeigneten Wechselmaterials in die Lage versetzt, günstigere Refinanzierungsmöglichkeiten auszunutzen.

Aus der Literatur läßt sich folgender Katalog möglicher Bestimmungsgründe des individuellen effektiven Kreditzinssatzes zusammenstellen: (171)

1. Verhandlungsmacht des Kreditnehmers, die sich insbesondere aus seiner Gesamtleistungsabnahme ergibt;

2. Erfolgschancen und Verlustrisiken des Kreditnehmervermögens;

3. Qualität der zur Sicherung des Kredits bestellten Banksicherheiten;

4. absolute Höhe des Kreditbetrages;

5. je nach Kredit- und/oder Kreditsicherungsart variierende Verwaltungskosten;

6. Kreditüberlassungsdauer (vereinbarte Kreditlaufzeit).

Wir konnten der vorhergehenden Ableitung entnehmen, daß die Qualität des Kreditnehmervermögens zwar Einfluß auf die Höhe eines möglichen Engagements der Bank hat, dagegen nur in ganz bescheidenem Maße auf den in Rechnung gestellten Zinssatz.

Im folgenden Teil der Arbeit werden wir aus der Analyse der Qualität von besicherten Kreditpositionen außerdem sehen, daß mit dem vorgetragenen Ergebnis auch der Punkt 3 (Qualität der Sicherheiten) als möglicher Bestimmungsgrund des Kreditzinses weitgehend entfällt.

3. Mit diesem von der Bankpreistheorie her abgeleiteten Ergebnis läßt sich für die Theorie der Unternehmensfinanzierung folgern, daß die Kreditkosten eines Unternehmens in Abhängigkeit von seinem Verschuldungsgrad als in einem großen Bereich konstant angenommen werden können (172), wobei dieser Bereich durch den erwarteten Gewinn, das leistungswirtschaftliche Risiko des Unternehmens und die geltenden Bedingungen an Kreditmärkten bestimmt ist; innerhalb dieses Bereichs werden sich Banken gegenüber dem mit wachsender Verschuldung stets anwachsenden Risiko des Forderungsausfalls indifferent verhalten. Die Höhe der Fremdkapitalkosten hängt in ihrem konstanten Bereich nicht von der Bonität des Kreditnehmers ab, sondern vielmehr von den Refinanzierungsbedingungen der Bank, der gesamten Leistungsabnahme des Kreditnehmers etc. Unternehmen unterschiedlicher Risikoklasse unterscheiden sich weniger bezüglich der Höhe ihres Fremdkapitalkostensatzes als der Größe des konstanten Bereichs der Kreditkosten bei wachsender Verschuldung.

## 3. Risikopolitische Instrumente im Kreditgeschäft der Banken zur Variation der Beteiligung an den Unternehmensrisiken von Kreditnehmern

Das Ausfallrisiko eines Anteils an den Finanzierungsmitteln, die einem Unternehmen für ein gegebenes Investitionsprogramm zur Verfügung gestellt werden, ist durch die Art und Höhe der Beteiligung an diesem Unternehmen bestimmt.

Bei der Untersuchung der Substitutionsmöglichkeiten von Kreditzinsen und Kreditrisiken waren wir von der einfachsten Form der Zerlegung einer Unternehmensposition in nicht gleichrangige Parten in Form des Eigen- und Fremdkapitals ausgegangen, wobei Eigen- und Fremdkapital (Beteiligungs- und Forderungskapital) als in sich homogene Blöcke betrachtet wurden. Die Beurteilung dieser Finanzierungsformen ist an Hand typischer Verfügungsrechte der Kapitalgeber vorzunehmen, die von der Finanzierungspraxis im Laufe der Zeit entwickelt worden sind und die

- die Beteiligung der Kapitalgeber am Unternehmensgewinn,
- die Beteiligung der Kapitalgeber am möglichen Liquidationserlös bei Beendigung der Gesellschaft,
- die eventuelle Nachschußpflicht von Kapitalgebern,
- die Mitbestimmung der Kapitalgeber bei unternehmerischen Entscheidungen,
- die persönliche Mitarbeit der Kapitalgeber in der Geschäftsführung des Unternehmens und
- die Fristigkeit des zur Verfügung gestellten Kapitals

betreffen. (173) Bezüglich ihres Risiko-Chancen-Gehalts (das sind im wesentlichen die ersten drei der genannten Verfügungsrechte) konnte die Darstellung der Qualität der Beteiligungs- und Forderungspositionen an Hand der bestandsökonomischen Darstellungsform erfolgen, in der die bei einer Liquidation des Unternehmens auf die Eigen- bzw. Fremdkapitalgeber entfallenden Anteile an den Liquidationserlösen deutlich gemacht werden konnten.

Die schraffierten Flächen in der Abb. 18 geben die Chancen und Risiken der Eigen- und Fremdkapitalgeber an. Der Überschuß des Flächeninhalts oberhalb der Vermögenseinsatzlinie über den unterhalb der Vermögenseinsatzlinie stellt den Erwartungswert des Gewinns der Eigen- bzw. Fremdkapitalposition dar.

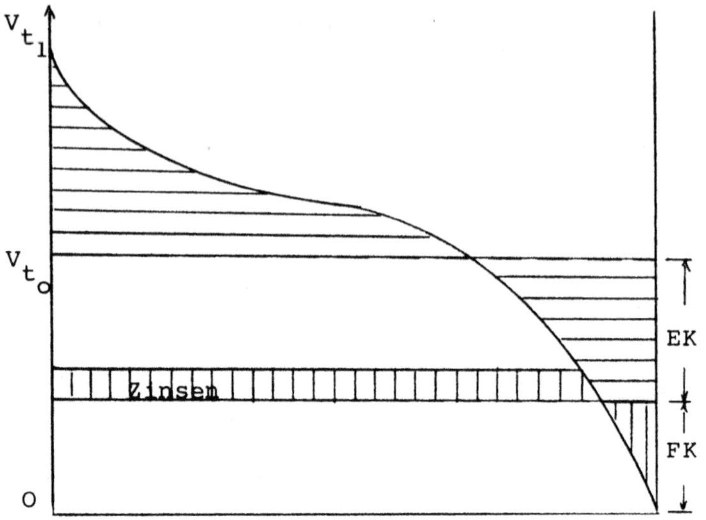


Abb. 18

Die Annahme eines in sich homogenen Fremdkapitalblocks müssen wir bei der weiteren Betrachtung des Ausfallrisikos einer Kreditposition dann aufgeben, wenn an der Gläubigerposition des Unternehmens mehrere Kreditgeber partizipieren.

## 3.1 Risikonormierung und Zerlegung der Fremdkapitalposition eines Unternehmens

Teilen sich zwei Kreditgeber die Gläubigerposition eines Unternehmens (Risikozerfällung in Form der Risikoteilung), so besteht als Motiv für eine solche Aufteilung das Bestreben beider Partizipanten, einen Anteil am Gläubigerkapital dieses Unternehmens zu halten, dessen Risiko-Chancen-Gehalt einen von ihnen geforderten Mindestwert übersteigt. Als Beispiel waren wir oben (S. 14 ff.) von einem Unternehmen mit einem Kreditbedarf von DM 1.000.000 ausgegangen, für den eine Verzinsung von 20 % vorgesehen war, wobei angenommen wurde, daß das Unternehmen mit einer Wahrscheinlichkeit von 90 % zur Leistung des Gesamttilgungsbetrages T am Ende der Kreditperiode in der Lage ist, während mit einer Wahrscheinlichkeit von 10 % mit dem Gesamtausfall der Gläubigerforderung zu rechnen ist. Wir hatten gesehen, daß bei gleichlaufenden Indifferenzkurven für die potentiellen Gläubiger die Möglichkeit besteht, durch Halbierung der Position zu Fremdkapitalanteilen zu gelangen, die für beide Kreditgeber vorteilhafte Anlagemöglichkeiten darstellen.

Ist nun die Risikoaversion der Gläubiger unterschiedlich, weichen also die Indifferenzkurven beider Gläubiger voneinander ab, so kann die Situation entstehen, daß etwa die halbe Gläubigerposition für den einen weniger risikoscheuen Kreditgeber eine tragbare Position darstellt, der andere aber wegen seiner stärkeren Risikoaversion von einer Beteiligung absehen muß.

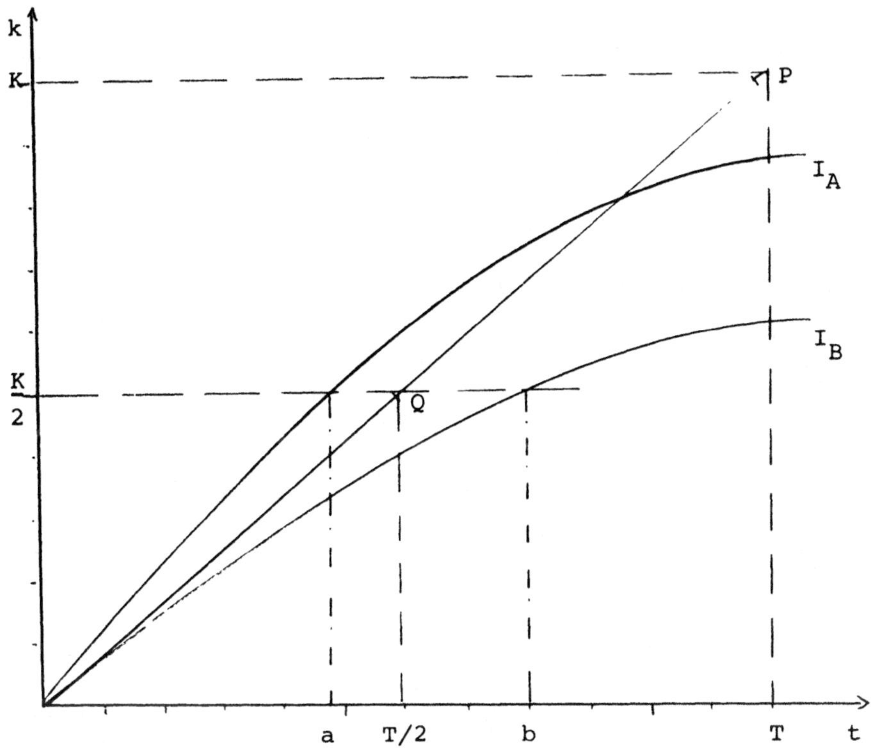


Abb. 19: $I_i$ - Indifferenzkurven für die potentiellen Gläubiger A und B bei einer angenommenen Kreditausfallwahrscheinlichkeit von 10 %;
P - Gesamtfremdkapitalposition des Unternehmens, die weder für A noch für B annehmbar ist;
Q - halbierte Gesamtgläubigerposition, die zwar für A, nicht aber für B tragbar ist.

Die halbierte Gesamtgläubigerposition Q stellt zwar für den Kreditgeber A mit der Indifferenzkurve $I_A$ eine vorteilhafte Anlagemöglichkeit dar, nicht aber für B, der eine größere Risikoaversion zeigt. Da Kreditgeber A aber nicht bereit ist, die gesamte Position zu finanzieren, kann der Fremdkapitalbedarf des Unternehmens, soweit nur A und B als Gläubiger in Frage kommen, nicht gedeckt werden.

Um dennoch zu für beide Gläubiger annehmbaren Kreditpositionen zu gelangen und damit zu der beabsichtigten Kreditfinanzierung, bieten sich drei Möglichkeiten an:

1. Man könnte versuchen, die Gläubigerquote des B soweit zu verringern und damit die des weniger risikoscheuen A soweit zu erhöhen, daß eine Aufteilung für beide Gläubiger zu zufriedenstellenden Kreditpositionen führt. Das Unternehmen erbittet etwa bei A einen Kredit von DM 750.000 und bei B von DM 250.000. Dennoch besteht wegen des Risikoverhaltens von B oder bestimmten

institutionellen Bedingungen die Möglichkeit, daß B auch bei einer noch so geringen Quote von einer Finanzierung der Position Abstand nehmen wird.

2. Geht man davon aus, daß beide Gläubiger grundsätzlich daran interessiert sind, die Hälfte der Fremdkapitalposition zu finanzieren, so besteht die Möglichkeit einer Ausgleichszahlung (Prämienzahlung) von A an B etwa in der Form, daß A ein niedrigerer Zinssatz, B dagegen ein höherer Zinssatz angeboten wird. In dem angegebenen Beispiel wäre A zur Finanzierung von K/2 auch bei einer Gesamttilgungsleistung von a bereit, während B den Betrag von K/2 erst bei einer Gesamttilgungsleistung von b übernehmen würde. Wir hatten aber oben bei der Betrachtung der Substitutionsmöglichkeiten von Prämien und Kreditrisiken gesehen, daß die Risikonormierung und nicht die Risikoabgeltung durch Prämien das tragende risikopolitische Prinzip von Kreditgebern ist (174), d.h. für das Unternehmen bestehen nur geringe Möglichkeiten, durch Variation der angebotenen Risikoprämie zu einer Veränderung des Kreditangebots eines Gläubigers zu gelangen. Eine Aufteilung der Fremdkapitalposition mittels Ausgleichsprämien zugunsten des risikoaverseren Financiers kommt daher nur in sehr engen Grenzen in Betracht.

3. Als dritte Möglichkeit bietet es sich aber für das Unternehmen an, die bis dato gleichartigen Kreditpositionen für beide Gläubiger von ihrem Risikogehalt her zu verändern: zugunsten des risikoscheueren Gläubigers B und zuungunsten des weniger risikoscheuen Gläubigers A. Eine solche Risikoverteilung zwischen den Unternehmensgläubigern kann zu Kreditpositionen führen, die den Sicherheitsanforderungen beider Gläubiger genügen.

Die Mittel zu einer solchen Risikoverteilung wollen wir im folgenden beschreiben. Wir werden sehen, daß die von der Rechtsordnung entwickelten Instrumente zu einer solchen Verteilung sehr vielfältig sind. Wir werden untersuchen, in welcher Form diese Instrumente ökonomisch sinnvoll beschrieben werden können und in welcher Form sie daher bei der Charakterisierung einer Kreditposition der Bank berücksichtigt werden müssen.

## 3.2 Möglichkeiten zur Zerlegung der Gläubigerposition eines Unternehmens in heterogene Parten

### 3.2.1 Die Aufteilung der Gläubigerposition nach Rangklassen

#### 3.2.1.1 Auf der Konkursordnung beruhende Gläubigerrangklassen

Sind mehrere Gläubiger an der Fremdkapitalposition eines Unternehmens beteiligt, so ist die gleichmäßige quotenmäßige Befriedigung (nach dem prozentualen Anteil am Fremdkapitaleinsatz bzw. bei unterschiedlichen Zinssätzen an den gesamten vom Unternehmen zu leistenden Tilgungszahlungen) im Falle der Zwangsliquidation eines Unternehmens die Ausnahme. Ergibt sich bei der Liquidation des Unternehmens eine Unterdeckung der

Unternehmensaktiva gegenüber den Unternehmenspassiva, so hängt die Höhe des einem einzelnen Gläubiger zustehenden Anteils am Liquidationserlös der Unternehmensaktiva von dem Rechtsrang seiner Forderung ab.

Eine genaue Regelung dieser Gläubigerrangfolge im Falle der Zwangsliquidation des kreditnehmenden Unternehmens trifft die Konkursordnung KO; (175) danach werden im Konkurs die Berechtigten in folgender Reihenfolge aus dem liquidierten Vermögen (der Konkursmasse) befriedigt: (176)

<u>Konkursmasse</u>

./. <u>Masseschulden</u>

- Ansprüche aus Geschäften oder Handlungen des Konkursverwalters;
- Ansprüche aus zweiseitigen Verträgen, deren Erfüllung der Konkursverwalter verlangt hat;
- Ansprüche aus einer rechtlosen Bereicherung der Masse;

./. <u>Massekosten</u>

- die gerichtlichen Kosten für das Konkursverfahren;
- die Ausgaben für die Verwaltung, Verwertung und Verteilung der Masse;
- die dem Gemeinschuldner und dessen Familie bewilligte Unterstützung;

---

= <u>eigentliche Konkursmasse</u>

./. 1. für das letzte Jahr vor Eröffnung des Verfahrens rückständige Forderungen auf Löhne und Gehälter der im Haushalt oder Geschäftsbetrieb des Gemeinschuldners Bediensteten;

./. 2. im letzten Jahr vor Eröffnung des Verfahrens fällig gewordene Steuern und öffentliche Abgaben an Bund, Land, Gemeinden oder Gemeindeverbände;

./. 3. Forderungen der Kirchen und anderer Körperschaften des öffentlichen Rechts aus dem letzten Jahr;

./. 4. Forderungen der Ärzte, Apotheker, Krankenanstalten und Hebammen aus dem letzten Jahr;

./. 5. Forderungen der Kinder und Mündel für Ansprüche aus der gesetzlichen Vermögensverwaltung aus dem letzten Jahr;

---

= zur Befriedigung der übrigen Konkursforderungen <u>verbleibende Konkursmasse</u>

Nach § 61 KO wird jede Klasse der bevorrechtigten Gläubiger restlos befriedigt, ehe die nachfolgende abgefunden wird. Reicht die Restmasse nicht zur vollständigen Befriedigung einer Klasse aus, so wird sie entsprechend der Quote der einzelnen Gläubiger dieser Klasse verteilt. (177)

Die 'gemeinen Konkursgläubiger' (alle übrigen Konkursforderungen) werden im Gegensatz zur Zwangsvollstreckung der Zivilprozeßordnung, bei der Grundsatz des 'prior tempore, potior jure' gilt (178), gleichmäßig befriedigt (par conditio creditorum).

Konkursgläubiger haben also bei der Beurteilung ihrer Position zu berücksichtigen, welche Ansprüche ihrer Forderung im Konkurs vorgehen. In der bestandsökonomischen Darstellungsform läßt sich die Gläubigerrangfolge wie folgt charakterisieren: (179)

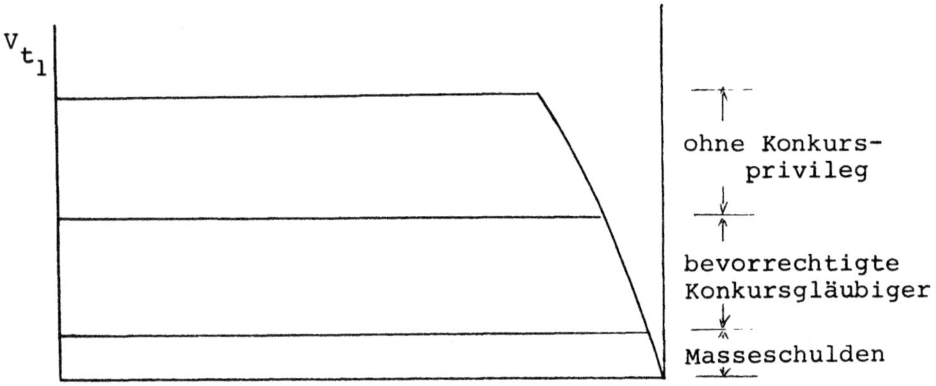


Abb. 20

Der Rechtsgrundsatz des 'concursus creditorum' (180), der zur "gemeinschaftlichen Befriedigung aller persönlichen Gläubiger" (181) des Gemeinschuldners führen soll, wird in vielen Fällen durch eine Reihe von Rechtsgeschäften einzelner Gläubiger mit dem Konkursschuldner durchbrochen, die über die Gläubigerrangfolge der Konkursordnung hinausgehen und die Vorteile beim 'Zusammenlauf' der Gläubiger bewirken sollen.

Zum einen geht es darum, das gesetzliche Konkursvorrecht insbesondere der öffentlichen Hand zu überwinden. Während sich z.B. das Vorrecht des § 61, Ziff. 1 KO nur auf die rückständigen Lohnforderungen des letzten Jahres bezieht, stellt das Vorrecht von Steuerforderungen im Konkurs nach § 61 Ziff. 2 KO auf die Fälligkeit innerhalb des der Verfahrenseröffnung vorhergehenden Jahres ab. (182) Knorr (183) weist darauf hin, daß durch Betriebsprüfungen, die oft nur alle fünf bis sechs Jahre erfolgen und in der Regel Nachzahlungen ergeben, das fiskalische Vorrecht weit über ein Jahr hinaus ausgedehnt wird. "Auch sind im Gegensatz zu leichter erkennbaren Schulden bei Banken und Lieferanten Steuerschulden meist nicht so leicht in Erfahrung zu bringen." (184) Die Deckungsquote des Fiskus als bevorrechtigter Konkursgläubiger ist durchschnittlich fünf- bis sechsmal höher als die der nicht bevorrechtigten Gläubiger. (185

Zum zweiten geht es darum, Befriedigungsvorteile vor anderen 'gemeinen' Konkursgläubigern zu erwerben (Befriedigungsvorrechte der gesicherten gegenüber den ungesicherten Gläubigern). Zum dritten geht es schließlich darum, Vorteile bei der Zuteilung der Liquidationserlöse gegenüber anderen gesicherten Kreditgebern zu erlangen (hier ist insbesondere der Konflikt zwischen den gesicherten Waren- und Geldkreditgebern von Bedeutung).

Charakterisiert man Forderungspositionen durch die ihnen anhaftenden Ertragschancen und Verlustrisiken, so geht es uns im folgenden also nur um die Möglichkeiten einer Veränderung der Verlustrisiken einzelner Gläubiger bei gegebenem leistungswirtschaftlichen Risiko des Kreditnehmers (186), wobei als Ausgangspunkt einer solchen Variation stets die quotenmäßige Aufteilung der Vermögensverluste des Gläubigerkapitals entsprechend der jeweiligen Forderungshöhe einzelner Gläubiger angesehen wird.

#### 3.2.1.2 Vertraglich vereinbarte Rangklassen der Gläubiger

Gilt es, die prinzipielle Gleichheit der Ansprüche gemeiner Konkursgläubiger, aus welchen Gründen auch immer, zu durchbrechen, so liegt nahe, das von der Konkursordnung vorgegebene Prinzip der Gläubigerrangfolge weiter zu verfolgen und festzulegen, daß die Kreditgeber im Konkurs in ganz bestimmter, vertraglich vereinbarter Reihenfolge zu befriedigen seien. Eine solche Konstruktion gibt es in seltenen Fällen für ganze Gruppen von Gläubigern, so etwa bei gläubigerpositionsähnlichen Vorzugsaktien, die bei der Bedienung mit Liquidationserlösen vor den Stammaktionären, aber nach den Gläubigern rangieren. Im amerikanischen Bankwesen finden sich Bankanleihen, bei denen die Anleihegläubiger im Rang hinter den Einlagengläubigern stehen. Bei diesen Anleihen handelt es sich um sogenannte 'subordinated debentures', d.h. nicht objektgesicherte Forderungen, die im Konkurs der emittierenden Bank (subordinated) nach den Einlagengläubigern und vor den Aktionären befriedigt werden. (187)

Im Verhältnis Bank - Kreditkunde sind vertragliche Vereinbarungen einer Rangfolge der Kreditgeber nicht bekannt. Der Grund hierfür liegt in der oft rasch wechselnden Höhe der Gläubigerpositionen, in der Scheu der Kreditnehmer vor einem Zusammenwirken der Gläubiger untereinander (188), nicht zuletzt aber darin, daß solche Konstruktionen nicht geeignet sind, das Konkursvorrecht der öffentlichen Hand bezüglich ihrer Steuerforderungen zu überwinden.

Das Prinzip der Rangordnung wird aber dort wieder relevant, wo es um die Aufteilung von Verfügungsrechten über einzelne Vermögensobjekte des Gemeinschuldners geht.

### 3.2.2 Rechtskonstruktionen, die eine Zuordnung von Teilen der Haftungsmasse zu einzelnen Gläubigern bewirken

Der 'concursus creditorum' wird immer dann durchbrochen, wenn einzelne Gläubiger eines in Konkurs geratenen Unternehmens vor der Feststellung der Konkursmasse Aus- oder Absonderungsrechte geltend machen können.

### 3.2.2.1 Aus- und Absonderungsrechte von Konkursgläubigern

Absonderungsrechte (§§ 43 - 46 KO) besitzen alle diejenigen Gläubiger des Gemeinschuldners, die einen Anspruch auf Ausscheidung eines dem Gemeinschuldner bei Konkursbeginn nicht gehörenden Vermögensgegenstandes aus der Konkursmasse haben. (189) Aussonderungsrechte haben insbesondere Lieferanten, die dem Warenverkäufer einen von diesem erworbenen Gegenstand nur unter der aufschiebenden Bedingung übereignet haben, daß der Kaufpreis vollständig bezahlt worden ist (Eigentumsvorbehalt des Warenverkäufers), daneben noch Vermieter und Verpächter.

Der Eigentumsvorbehalt des Warenverkäufers, traditionelles Sicherungsmittel für den Lieferantenkredit, kommt in mehreren Varianten vor: Der einfache Eigentumsvorbehalt erstreckt sich auf die gelieferte Ware bis zur Vollbezahlung; der erweiterte Eigentumsvorbehalt (Verarbeitungsklausel) auch auf die be- und verarbeitete noch nicht bezahlte Ware; der verlängerte Eigentumsvorbehalt (Vorausabtretungsklausel) auch auf die aus noch nicht voll bezahlten Waren resultierenden Forderungen des Warenkäufers an Drittabnahmer; bei der Kontokorrentklausel besteht der Eigentumsvorbehalt des Lieferanten für sämtliche Waren, solange ihm irgendwelche Forderungen an den Warenkäufer zustehen, bei der Konzernklausel, solange den Konzernunternehmen irgendwelche Forderungen an den Warenkäufer zustehen. (190)

Die Ausgestaltung des Eigentumsvorbehalts richtet sich nach den Absatzgepflogenheiten des jeweiligen Wirtschaftszweiges. "In der einen Branche ist ein Eigentumsvorbehalt mit Kontokorrent- und Verarbeitungsklausel nötig: Der Rohstofflieferant sichert seine Kaufpreisforderung, indem er über eine Kontokorrentklausel in Verbindung mit einer Verarbeitungsklausel beim Fabrikanten eine stets gleichbleibende Menge von gelieferten Rohstoffen und aus ihnen hergestellten Produkten erfaßt. Einem anderen Zweig wäre mit dieser Sicherungsform beim Absatz seiner Erzeugnisse nicht gedient, so etwa der stahl- und eisenerzeugenden Industrie. Ihre Käufer - meistens Großhändler - gelangen regelmäßig überhaupt nicht in den Besitz der Vorbehaltsware; diese wird vielmehr direkt dem Abnehmer des Großhändlers (und Vorbehaltskäufers) ausgeliefert. Hier wäre ein einfacher Eigentumsvorbehalt wirkungslos; er ginge schon unter, wenn Ware im Auftrag des Vorbehaltskäufers bei dessen Abnehmer ausgeliefert wird." (191) Daher wird hier der erweiterte und verlängerte Eigentumsvorbehalt in Gestalt einer Kontokorrent- und einer Vorausabtretungsklausel angewandt. (192)

Banken haben im Konkurs des Kreditnehmers nur ausnahmsweise einen Aussonderungsanspruch. Ein Aussonderungsanspruch besteht auch dann nicht, wenn sie sich zur Sicherung ihres Kredits das Eigentum an bestimmten Vermögensgegenständen des Kreditnehmers haben übereignen lassen (Sicherungsübereignung und Sicherungszession). Da es sich bei der Sicherungsübereignung von Sachvermögen oder der Sicherungszession von Forderungen um eine sogenannte Sicherungstreuhand handelt, die in erster Linie dem Treuhänder (Kreditgeber) zu nützen bestimmt ist und das

Sicherungsobjekt wirtschaftlich weiterhin dem Treugeber zuzurechnen ist, hat die Rechtsprechung ständig entschieden, daß der Sicherungsnehmer nicht Aus- sondern nur Absonderung verlangen kann. (193)

Absonderungsrechte (§§ 47 - 52 KO) stehen denjenigen Gläubigern des Gemeinschuldners zu, die einen Anspruch auf gegenüber den anderen Konkursgläubigern bevorzugte Befriedigung aus einem an sich zur Konkursmasse gehörenden Vermögensgegenstand haben. Absonderungsrechte am unbeweglichen Vermögen des Gemeinschuldners haben Hypotheken- und Grundschuldgläubiger; Absonderungsrechte am beweglichen Vermögen können aufgrund von Sicherungsübereignungsverträgen oder Pfandrechten bestehen; Absonderungsrechte haben ebenfalls Gläubiger, die sich zur Sicherung ihrer Ansprüche haben Wertpapiere verpfänden und Rechte, insbesondere Forderungen haben verpfänden oder abtreten lassen.

Absonderungsberechtigte Gläubiger, die gleichzeitig persönliche Gläubiger des Gemeinschuldners sind (194), - und das trifft für die Masse der mit Sicherheiten unterlegten Bankkredite zu - werden im Konkurs wie folgt behandelt:

- sie können sich am Konkursverfahren selbst nur in Höhe des Betrages beteiligen, um den ihre Forderung an den Kreditnehmer den Verwertungserlös aus der abgesonderten Sicherheit übersteigt;

- sie können sich nur in Höhe ihrer Forderung aus dem Erlös der abgesonderten Sicherheit befriedigen; ein eventuell erzielter Mehrerlös fällt in die Konkursmasse.

### 3.2.2.2 Darstellung einer besicherten Kreditposition

Die angegebene Regel der Befriedigung 'gesicherter' Konkursgläubiger ermöglicht die Darstellung der Qualität einer solchen Position.

Das Gesamtvermögen eines Unternehmens, das neben eigenen Mitteln mit a DM Fremdkapital finanziert worden ist, besteht aus n Vermögensgegenständen.

$x = (X_1, X_2, ..., X_n)$ seien Zufallsvariable: Liquidationserlöse der Vermögensobjekte 1, 2, ..., n am Ende der Kreditperiode mit dem gemeinsamen Stichprobenraum $\Omega$ und der Verteilungsfunktion $F(x)$. Die Ansprüche der Gläubiger an die am Ende der Kreditperiode vorhandene Liquidationsmasse ergeben sich aus dem zur Verfügung gestellten Fremdkapitalbetrag a und den bis dahin aufgelaufenen Zinsen ra. $s_1 = a_1(1 + r)$ sei der Betrag des Gläubigeranspruchs, der auf eine kreditgewährende Bank entfällt, die sich mit $a_1$ DM an der Finanzierung des Unternehmens beteiligt hat; ihr Anteil an den Gläubigeransprüchen insgesamt beträgt $s_1/s$. (195)

Der Bank werde nun als einzigem Gläubiger zur Sicherung ihres Anspruches an den Kreditnehmer ein Absonderungsrecht zugestanden, und zwar an dem Vermögensgegenstand n, so daß sich die Bank vorab aus der Verwertung dieses Vermögensgegenstandes befriedigen kann. Zur Ableitung der für die Bank geltenden Kreditrückzahlungsfunktion müssen wir beachten, inwieweit die zur Verfügung gestellte Kreditsicherheit zur Abdeckung der Ansprüche an den Kreditnehmer ausreicht.

Wir bezeichnen das Ereignis, daß der Liquidationserlös aus dem Vermögensgegenstand n (der Sicherheit) zur vollständigen Befriedigung der Bankansprüche nicht ausreicht, mit A.

$$A = \{\omega \in \Omega \mid X_n(\omega) < s_1\}$$

$A^c$ ist dann das komplementäre Ereignis, daß der Liquidationserlös aus der Sicherheit die Höhe der Bankforderung wenigstens erreicht:

$$A^c = \{\omega \in \Omega \mid X_n(\omega) \geq s_1\}$$

Aus der Vorabverwertung der Sicherheit erhält die Bank den Betrag $s_1$, wenn das Ereignis $A^c$ eintritt; tritt das Ereignis A ein, so erhält sie den Liquidationserlös, der sich entsprechend der Realisation der Zufallsgröße $X_n$ ergibt.

Hat die Bank aus der Verwertung ihrer Sicherheit beim Eintritt des Ereignisses A nur den Betrag $X_n < s_1$ erhalten, dann ist sie mit ihrer Restforderung $(s_1 - X_n)$ gemeiner Konkursgläubiger, wobei die Summe aller Gläubigeransprüche an die Restliquidationsmasse wegen der Vorabbefriedigung der Bank in Höhe von $X_n$ insgesamt nur noch $s - X_n$ ausmacht.

Wir bezeichnen das Ereignis, daß bei einer nicht vollständigen Befriedigung der Bank aus der Sicherheit $X_n$ die Summe $\sum_{i=1}^{n-1} X_i$ der Liquidationserlöse der restlichen n-1 Vermögensgegenstände die gesamte Restforderung $(s - X_n)$ aller Gläubiger nicht deckt mit B.

$$B = \{\omega \in A \mid \sum_{i=1}^{n-1} X_i(\omega) < s - X_n(\omega)\}$$

$$= \{\omega \in A \mid \sum_{i=1}^{n} X_i(\omega) < s\}$$

Die Differenz der Ereignisse A und B stellt den Fall der vollständigen Befriedigung der Gläubigeransprüche aus dem Liquidationserlös der Vermögensobjekte bei nicht vollständiger Befriedigung aus der Sicherheit dar.

$$A \setminus B = \{\omega \in A \mid \sum_{i=1}^{n} X_i(\omega) \geq s\}$$

Wegen der sich aus dem Absonderungsrecht ergebenden Befriedigungsreihenfolge wird hier also B als Teilmenge von A konstruiert. Daraus folgt:

1. Bei Eintritt des Ereignisses A (nicht ausreichende Sicherheit) sind zwei Fälle zu unterscheiden:

   - B: Überschuldung: die Restliquidationserlöse werden entsprechend dem Anteil an der Restforderung an die Gläubiger verteilt;

   - A\B: keine Überschuldung: die Bestellung der Sicherheit hat ex post keinen monetären Vorteil vor den anderen Gläubigern gezeitigt;

2. Bei Eintritt des Ereignisses $A^c$ (ausreichende Sicherheit) können ebenfalls bezüglich des Verhältnisses von Restliquidationsmasse und Restforderungen zu B und A\B analoge Ereignisse definiert werden. Das eine Ereignis würde den Fall betreffen, daß bei ausreichender Besicherung der Bank die übrigen Gläubiger Vermögensverluste realisieren müssen. Das andere Ereignis beschriebe den Fall der vollständigen Befriedigung aller Gläubiger. Diese Unterscheidung ist aber für die Beschreibung der Kreditposition der Bank irrelevant: übersteigt der Liquidationserlös aus der Sicherheit die Forderung der Bank, so erhält sie in jedem Fall den Forderungsbetrag.

Die Rückzahlungsfunktion für die Bank läßt sich somit angeben als:

$$s_1^+(\omega) = \begin{cases} s_1 & \text{für } \omega \in A \setminus B \cup A^c = B^c \\ X_n(\omega) + \dfrac{s_1 - X_n(\omega)}{s - X_n(\omega)} \sum\limits_{i=1}^{n-1} X_i(\omega) & \text{für } \omega \in B \end{cases}$$

Die Bank wird also voll befriedigt, wenn entweder die Sicherheit zur Deckung ihrer Ansprüche ausreicht oder keine Überschuldung eintritt. Andernfalls, wenn bei Überschuldung keine ausreichende Sicherheit vorhanden ist, erhält sie den Liquidationserlös aus der Sicherheit und den ihrer Restforderung entsprechenden Anteil am Liquidationserlös der restlichen Vermögensgegenstände des Kreditnehmers.

Bezeichnet man das Wahrscheinlichkeitsmaß für den Eintritt der angegebenen Ereignisse mit p, so läßt sich der Erwartungswert für die besicherte Kreditposition der Bank unter der Voraussetzung, daß keine weiteren Sicherheiten bestellt worden sind, angeben als:

$$E(s_1) = \int_{B^c} s_1 \, dp + \int_B \left[ X_n(\omega) + \frac{s_1 - X_n(\omega)}{s - X_n(\omega)} \sum_{i=1}^{n-1} X_i(\omega) \right] dp$$

## 3.3 Die haftungsmäßige Zuordnung potentiellen Unternehmensvermögens zu einzelnen Gläubigern

Wir hatten herausgestellt, daß das Vermögensverlustrisiko aller Gläubiger eines Unternehmens mit gegebenem leistungswirtschaftlichen Risiko allein von der Höhe der Forderungsbeteiligung an diesem Unternehmen abhängt, daß sich aber das Vermögensverlustrisiko eines einzelnen Gläubigers nur in Ausnahmefällen durch eine quotenmäßige Aufteilung des Verlustrisikos bestimmen läßt. Neben der Höhe des Anteils dieses Gläubigers an den Gesamtverbindlichkeiten des Unternehmens war das Vermögensverlustrisiko des einzelnen Kreditgebers noch davon abhängig,

- ob und in welchem Ausmaß ihm Ab- oder Aussonderungsrechte am Unternehmensvermögen wegen eines Besicherungsvertrages oder Eigentumsvorbehaltes zur Verfügung standen und

- ob und in welchem Umfang solche Rechte den anderen Gläubigern des Unternehmens eingeräumt wurden.

Das zur Bezahlung von Schulden insgesamt abrufbare Vermögen eines Unternehmens, seine Haftungsmasse, besteht aber in vielen Fällen nicht nur aus dem vorhandenen (investierten) Unternehmensvermögen, es umschließt auch potentielles Unternehmensvermögen, das aufgrund von Haftungszusagen Dritter im Falle der drohenden oder eingetretenen Zahlungsunfähigkeit des Unternehmens noch in Form von Zahlungsmitteln einzuschließen ist.

Dienen solche Haftungszusagen der haftungsmäßigen Verbesserung der Position aller Unternehmensgläubiger, so wollen wir von allgemeinen Haftungszusagen sprechen, sind dagegen Haftungszusagen auf die bevorzugte Befriedigung einzelner Gläubiger oder Gläubigergruppen gerichtet, so sprechen wir von speziellen Haftungszusagen.

### 3.3.1 Allgemeine Haftungszusagen

Allgemeine Haftungszusagen dienen der Vergrößerung der Haftungsmasse eines Unternehmens insgesamt. Zu denken ist hier an das freie Vermögen der Vollhafter einer Einzelfirma, einer oHG oder KG, an noch ausstehende Einlagen auf das Grundkapital einer AG, an Zubußen der Gesellschafter einer Bergrechtlichen Gewerkschaft oder Verlustübernahmeverträge von herrschenden Unternehmen. Nur in dem Fall, daß keinerlei Zweifel über die Höhe des im Notfall realisierbaren Unternehmensvermögens aufgrund solcher Haftungszusagen besteht, lassen sich Haftungszusagen in der Erwartungsstruktur durch eine entsprechende Vergrößerung des Eigenkapitalblocks darstellen. Andernfalls, und dies wird den Normalfall darstellen, ist das potentielle Unternehmensvermögen entsprechend seiner Realisationswahrscheinlichkeit bei der Abschätzung der Erwartungsstruktur für das insgesamt verfügbare Unternehmensvermögen mit zu berücksichtigen.

### 3.3.2 Spezielle Haftungszusagen

Spezielle Haftungszusagen sind darauf gerichtet, die Kreditposition einzelner Gläubiger zu verbessern.

Werden eine oder mehrere Kreditpositionen eines Gläubigers dadurch weniger riskant oder sicher, daß der Kreditgeber gegen Zahlung einer Prämie Haftungszusagen erhält, so spricht man von Kreditversicherung. Bei der Kreditversicherung übernimmt der Kreditversicherer gegenüber dem Kreditgeber das Delkredere in Form einer Gewährleistung für den Eingang der Kreditforderung. Kreditversicherungen, die heute fast ausschließlich Bedeutung bei Waren- und Teilzahlungskrediten sowie im Exportkreditgeschäft haben (196), können auf die Verbesserung eines einzelnen Kreditrisikos gerichtet sein (Einzelversicherung) oder sie beziehen sich auf alle Kredite des Versicherungsnehmers oder auf alle Kredite mit bestimmten Merkmalen (Mantelversicherung). (197) Typisch für die Ausgestaltung von Kreditversicherungsverträgen ist die Vereinbarung eines Selbstbehalts des Kreditgebers, für dessen Höhe sich in der Praxis gewisse Standardsätze herausgebildet haben, die etwa bei 25 bis 30 % liegen. (198)

Schließt nicht der Kreditgeber, sondern der Kreditnehmer den Kreditversicherungsvertrag ab, so handelt es sich um eine Kautionsversicherung. Der Versicherer erbringt eine Sicherheitsleistung für den Kreditgeber in der rechtlichen Form einer Bürgschaft oder Garantie. Bürgschaften oder Garantien werden entgeltlich von Banken (Avalkredite) oder besonderen Kreditgarantiegemeinschaften übernommen. Auf dem Gebiet der Kautionsversicherung treten also verschiedene Institutsgruppen in Konkurrenz:

- Kreditversicherer wie Banken übernehmen Bietungs-, Anzahlungs-, Lieferungs-, Vertragserfüllungs- und Gewährleistungsgarantien; sie übernehmen Bürgschaften vor allem im Bau- und Baunebengewerbe, in der Maschinenindustrie, gegenüber den Zoll- und Steuerbehörden, den Einfuhr- und Vorratsstellen und der Bundesmonopolverwaltung; (199)

- Kreditgarantiegemeinschaften übernehmen unter bestimmten Voraussetzungen Ausfallbürgschaften für mittel- und langfristige Kredite an mittelständische Gewerbebetriebe bis zu 80 % des jeweiligen Darlehnsbetrages. (200)

Versicherte Kreditpositionen können, wenn der Versicherer als bonitätsmäßig einwandfrei angesehen wird, auf einfache Weise durch einen dem Selbstbehalt der Bank entsprechenden Abschlag von der 'sicheren' Kreditposition dargestellt werden: (Abb. 21)

Kreditbürgschaften werden aber auch, meist unentgeltlich, von Wirtschaftssubjekten übernommen, deren Kreditfähigkeit von der Bank erst im einzelnen geprüft werden muß, wobei wir wieder annehmen, daß die Bank ihr Urteil über die Zahlungsfähigkeit des Bürgen in einer Erwartungsstruktur ausdrücken kann. Für eine Bank als Begünstigte aus einer Bürgschaft bedeutet eine solche Sicherheitsleistung, daß sie bei der Beurteilung der

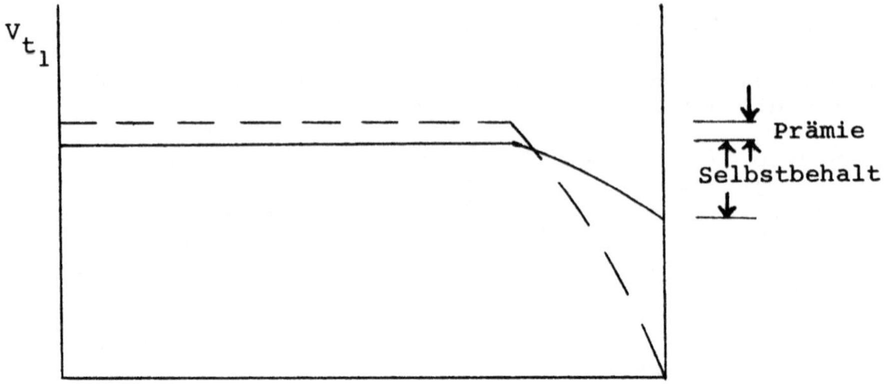


Abb. 21

Qualität einer Kreditposition in gleicher Weise wie bei den dargestellten Sicherheiten durch haftungsmäßige Zuordnung investierten Unternehmensvermögens die ursprüngliche Kreditposition und die Bürgschaftsposition kombiniert zu betrachten hat. (201) Im Gegensatz zur Sicherung aus dem Vermögen des Kreditnehmers wird aber bei der Bürgschaft im Konkursfall die gesamte Forderung der Bank an ihren Kreditnehmer berücksichtigt, gleichgültig, welchen Betrag sie aus der Sicherheit erzielt hat. (202) Hat die Bank etwa eine Konkursforderung von DM 200.000, erzielt sie aber aus der Sicherheit nur einen Erlös von DM 100.000 und beträgt die Konkursquote 30 %, so ist

a) bei Sicherstellung aus dem Vermögen des Kreditnehmers:

- die berücksichtigte Forderung DM 100.000 und
- der Verlust DM 70.000;

b) bei Sicherstellung von dritter Seite:

- die berücksichtigte Forderung DM 200.000 und
- der Verlust DM 40.000. (203)

Formal läßt sich die bürgschaftliche Absicherung eines Kredites unter der Voraussetzung keiner anderweitigen Sicherungsabreden oder Vorabbefriedigungsrechte wie folgt darstellen:

Das Ereignis einer Unterdeckung der Gesamtverbindlichkeiten s des Kreditnehmers gegenüber der Summe der aus den Vermögensobjekten erzielten Liquidationserlöse (Überschuldung) heiße C.

$$C = \{\omega \in \Omega \mid \sum_{i=1}^{n} X_i(\omega) < s\}$$

Das Komplement $C^c$ beschreibt den Fall einer ausreichenden Deckung aller Gläubigeransprüche:

$$C^c = \{\omega \in \Omega | \sum_{i=1}^{n} X_i(\omega) \geq s\}$$

Für den Fall C einer Überschuldung wird das Ereignis D definiert, das dann eintritt, wenn zusätzlich die Zahlungen $s_1/s \; \Sigma \; X_i$ aus der Konkursquote und die Zahlung $X_b$ aus der Inanspruchnahme der Bürgschaft zusammen geringer als der Forderungsbetrag $s_1$ der Bank sind. Die Zufallsgröße $X_b$ beschreibt die Qualität der Bürgschaft, die die Bank als spezielle Haftungszusage hereingenommen hat.

$$D = \{\omega \in C | \frac{s_1}{s} \sum_{i=1}^{n} X_i(\omega) + X_b(\omega) < s_1\}$$

Das Ereignis $C \setminus D$ beschreibt dann den Fall einer vollständigen Befriedigung der Bank, wobei die anderen Gläubiger (und der Bürge) Vermögensverluste zu verzeichnen haben.

$$C \setminus D = \{\omega \in C | \frac{s_1}{s} \sum_{i=1}^{n} X_i(\omega) + X_b(\omega) \geq s_1\}$$

Die Kreditrückzahlungsfunktion für die Bank läßt sich somit anschreiben als:

$$s_1^+(\omega) = \begin{cases} s_1 & \text{für } \omega \in C \setminus D \cup C^c = D^c \\ X_b(\omega) + \frac{s_1}{s} \sum_{i=1}^{n} X_i(\omega) & \text{für } \omega \in D \end{cases}$$

Die Bank erhält also den Betrag $s_1$, wenn bei einer Teilbefriedigung aus der Konkursmasse des Kreditnehmers die Bürgschaftszahlung den verbleibenden Restbetrag abdeckt (gleichgültig, ob die Bank zunächst gegen den Kreditnehmer oder den Bürgen vorgeht (204)) oder, wenn der Bürge wegen einer 100 %igen Befriedigung aus der Haftungsmasse des Kreditnehmers gar nicht in Anspruch genommen werden muß.

Die anderen Gläubiger des Kreditnehmers haben eine Bürgschaft bei der Beurteilung der Qualität ihrer Kreditposition in der Weise zu berücksichtigen, daß sie, soweit keine anderweitige Sicherung durch den Bürgschaftsnehmer vorgenommen wurde, die Forderung der Bank als 'gemeine' Forderung zu betrachten haben, die entweder von der Bank erhoben wird oder, wenn vom Bürgen beglichen, von diesem als Anspruch an die Liquidationsmasse geltend gemacht wird. Bürgschaften ohne weitere dingliche Sicherung haben also für die übrigen Gläubiger den Vorzug, daß sie durch die Sicherheitenbestellung an einen Gläubiger für sich keine durch Vorabverwertung bedingte Aushöhlung der Haftungsmasse ihres Schuldners hinnehmen müssen.

Hat sich die Bank dagegen neben der Bürgschaftsbestellung ein Absonderungsrecht an bestimmten Vermögensgegenständen des

Kreditnehmers verschafft, dann erwirbt der Bürge durch die Zahlung an die Bank mit der Forderung auch die Sicherheiten, die für die Forderung bestehen. (205)

## 3.4 Möglichkeiten der Risikoverteilung zwischen mehreren Sicherungsnehmern

Als grundsätzliche Möglichkeiten der Befriedigung von Gläubigern aus der Haftungsmasse eines Unternehmens hatten wir drei typische Konstruktionen herausgestellt:

- die quotenmäßige Befriedigung der Gläubiger,
- die Befriedigung nach einer bestimmten Rangfolge,
- die Konstruktion von Zuordnungsvorschriften.

Diese Konstruktionen lassen sich auch dort wiederfinden, wo es darum geht, daß mehrere Gläubiger an dem Verwertungserlös eines Sicherungsobjektes partizipieren. Wird etwa bei einem Konsortialkredit oder bei der Sicherung einer Anleihe eine Zuordnung bestimmter Vermögensgegenstände zu einer bestimmten Gläubigergruppe vorgenommen, so wird meist eine quotenmäßige Befriedigung innerhalb dieser Gläubigergruppe vereinbart. Partizipieren dagegen Kreditgeber ohne vertragliche Bindung untereinander an bestimmten Teilen des Vermögens eines Kreditnehmers, z.B. an dem Verwertungserlös aus Grundstücken, so findet das Prinzip der Gläubigerrangfolge Anwendung.

### 3.4.1 Die Zerlegung einer Sicherheitenposition in homogene Parten (Sicherheitenpoolung)

Übernehmen etwa zwei Banken je die Hälfte eines Großkredites oder die Hausbank zwei Drittel und eine weitere Bank ein Drittel oder übernehmen mehrere Banken eine entsprechend ihrer Risikobereitschaft bemessene Quote an einem Konsortialkredit, so "empfiehlt es sich im Interesse der Rechtssicherheit, daß die Sicherheiten, die für den Gesamtkredit gegeben werden, den beteiligten Banken gleichrangig, technisch aber nur einer Bank - im allgemeinen der Hausbank - bestellt werden und daß diese die Sicherheiten für die übrigen Banken zugleich treuhänderisch mitverwaltet." (206) Ebenso wird bei der Anleihesicherung meist die Führerin des Emissionskonsortiums als Sicherungsnehmer fungieren. Der Emissionsbank werden als Treuhänderin "die Sicherheiten zur Verwaltung für die Gläubiger und zur Verwertung im Falle der Zahlungsunfähigkeit des Sicherungsgebers übertragen. Die Anleihegläubiger haben daher ausschließlich schuldrechtliche Sicherungsansprüche gegen die Emissionsbank als Treuhänderin, die dafür mit den ihr übertragenen schuldrechtlichen oder dinglichen Sicherungsrechten haftet." (207)

Ein Vertrag, der darauf ausgerichtet ist, ein besonderes Zugriffsrecht einer Gläubigergruppe auf bestimmte Vermögensgegenstände des Kreditnehmers in der Weise im Innenverhältnis der Gläubiger zu verwerten, daß eine quotenmäßige Befriedigung der Einzelgläubiger erreicht wird, bezeichnet man als

'Sicherheiten-Poolvertrag'. (208) Poolverträge haben sich seit Anfang der sechziger Jahre aus der Konstruktion grundpfandrechtlicher Gleichrangrahmen entwickelt, bei denen für mehrere Gläubiger im Rang gleiche Grundpfandrechte bestellt werden. (209)

### 3.4.2 Die Konstruktion einer Rangfolge der Sicherungsnehmer

Das oben beschriebene Prinzip der Gläubigerrangfolge bei der Verteilung der Liquidationsmasse eines Unternehmens findet sich dort wieder, wo die mehrfache Belastung eines einzelnen Vermögensgegenstandes rechtlich zulässig ist. Als wichtigste Sicherung für eine Kreditgewährung auf längere Sicht gilt die Einräumung einer Hypothek oder Grundschuld. Ein Grundstück kann zur gleichen Zeit mit mehreren Rechten belastet sein, wobei diese Rechte in der Regel nicht gleichrangig nebeneinanderstehen, sondern ein Recht dem anderen im Rang vorgeht. § 879 (1) BGB legt die Reihenfolge, in der die einzelnen Rechte ausgeübt werden können und im Falle der Zwangsversteigerung des Grundstücks Befriedigung aus dem Erlös beanspruchen können fest: "Das Rangverhältnis unter mehreren Rechten, mit denen ein Grundstück belastet ist, bestimmt sich, wenn die Rechte in derselben Abteilung des Grundbuchs eingetragen sind, nach der Reihenfolge der Eintragungen. Sind die Rechte in verschiedenen Abteilungen eingetragen, so hat das unter Angabe eines früheren Tages eingetragene Recht den Vorrang; Rechte, die unter Angabe desselben Tages eingetragen sind, haben gleichen Rang."

Die für einen einzelnen Gläubiger relevante Sicherheitenposition bestimmt sich also bei gegebener Erwartungsstruktur der Liquidationserlöse aus dem bebauten oder unbebauten Grundstück des Kreditnehmers nach dem Rangverhältnis seines Rechtes an dem Grundstück. Dieser Rechtsrang ist nicht schlechterdings für immer festgelegt, sondern läßt sich rechtsgeschäftlich ändern. So kann z.B. der Eigentümer eines Grundstücks auf dem Wege des Rangvorbehalts bei Eintragung einer Bausparkassenhypothek den ersten Rang für die später erfolgende Eintragung einer Hypothek für ein Realkreditinstitut freihalten. (210) So vereinbaren häufig nachrangige Gläubiger mit dem Grundstückseigentümer die Eintragung einer Löschungsvormerkung bei dem vorrangigen Recht mit der Wirkung, daß im Falle der Rückzahlung der der erstrangigen Hypothek zugrunde liegenden Forderung und der damit in gleicher Höhe entstehenden Eigentümergrundschuld der Eigentümer zur Löschung dieser Grundschuld verpflichtet ist, so daß die nachfolgenden Gläubiger im Rang nachrücken.

Bei der Beurteilung einer Kreditposition, die durch ein Zugriffsrecht auf das unbewegliche Vermögen des Kreditnehmers besichert ist, ist also die sich aus der Erwartungsstruktur der Liquidationserlöse für das Sicherungsobjekt und dem Rechtsrang des eigenen Anspruches ergebende Sicherheitenposition zu berücksichtigen.

## 4. Motive und Grundsätze für die Besicherungsanforderungen der Banken

### 4.1 Traditionelle Auffassungen über die Motive für Sicherheitenbestellungen

Die Bedeutung von Kreditsicherheiten wird in der Literatur, je nachdem, ob von der Kreditnehmer- oder der Kreditgeberseite her argumentiert wird, unterschiedlich gewürdigt. Die Betrachtung dieser Argumente zeigt, wie wenig das Wesen der Sicherheiten erfaßt wird, erkennt man sie nicht als Rechtsgeschäfte, die eine andere als die von der Konkursordnung intendierte Verteilung der Gläubigerrisiken bewirken soll.

Von der Kreditnehmerseite werden die Besicherungsanforderungen der Banken als institutionell gegebene zusätzliche Restriktionen der Zahlungsmittelbeschaffungsmöglichkeiten bei Kreditgebern, insbesondere Banken angesehen, die gerade Pionierunternehmen wegen des oft fehlenden Grundbesitzes trotz hoher Ertragsmöglichkeiten von einer starken Expansion abhielten. Solche Unternehmen zeichnen sich dadurch aus, daß sie weniger diversifiziert sind, sie setzen auf die Karte eines neuen Produktes: hohen Ertragschancen stehen hohe Verlustrisiken gegenüber. Solche Unternehmen besitzen daher wegen der aus dem Entscheidungsverhalten der Banken herrührenden geringen Überwindbarkeit von Risiken durch Risikoprämien eine relativ geringe Verschuldungsmöglichkeit; nicht fehlende Sicherheiten, sondern mit hohen Risiken belastete Ertragsaussichten führen zu nur bescheidenen Möglichkeiten der Kreditaufnahme (dies auch dann, wenn eine Bank zur Begründung ihres relativ geringen Kreditangebots auf das Fehlen von geeigneten Sicherheiten hinweisen wird: Sicherheiten als Argument zur Erklärung des Kreditangebots einer Bank).

Gänzlich unerklärbar wird aber für die Literatur das 'Denken der Banken in Sicherheiten', wenn es um die Kreditaufnahme von eingeführten Unternehmen geht, die sich zur Kategorie der sogenannten Wachstumsbranchen zählen können. Folgende auf die Anleihesicherung bezogene Argumentation ist typisch für das Unverständnis gegenüber dem Sicherheitendenken: "Müssen ungesicherte Anleihen unbedingt ungünstigere Konditionen haben? Für den Nichtschwimmer ist es gleichgültig, ob er 3 oder 3000 m Wasser unter sich hat. Umgekehrt genügt ein Dach, um ein Haus vor Regen zu schützen. Den Bau eines zweiten und dritten Daches darüber wird niemand honorieren wollen. Ebensowenig ist einzusehen, wieso die Verpfändung des Anlagevermögens eines florierenden Großbetriebes in einer Wachstumsbranche einen zusätzlichen Sicherheitseffekt bringen soll." (211)

Für die Kreditgeberseite wird stets betont, die Kreditvergabe erfolge nach Kriterien der Ertragskraft; Sicherheiten seien allerdings erforderlich, da die Bank ja nicht ihr eigenes Geld ausleihe, sondern den Einlegern verpflichtet sei. "Das Ergebnis der Kreditwürdigkeitsprüfung kann für die langfristige Kreditvergabe nicht allein entscheidend sein. Der Kreditnehmer muß neben der Kreditwürdigkeit bei langfristigen Darlehen auch Sicherheitsleistungen erbringen. Sie sind erforderlich, weil der Kreditgeber seinen Anleihegläubigern oder Einlegern gegenüber verpflichtet ist, die Rückzahlung des gewährten Darlehens auf alle Fälle zu sichern. Sicherheiten sollten aber nur zusätzlichen Charakter haben..." (212) Mellerowicz und Jonas postulieren sogar einen weitgehenden Verzicht auf Kreditsicherheiten: "Das Denken in dinglichen Sicherheiten liegt nicht im volkswirtschaftlichen Interesse, weil es die Entfaltung der wirtschaftlichen Kräfte hindert. Es ist auch nicht betriebswirtschaftlich zu rechtfertigen, weil es ein herrschender Grundsatz der betriebswirtschaftlichen Theorie ist, daß der Wert eines Gutes nur durch seinen Ertrag bestimmt wird. Daher sollte die Kreditgewährung ausschließlich oder wenigstens überwiegend an wirtschaftlichen Kriterien orientiert sein." (213) "In keinen Fall sollte der Wert des dinglichen Sicherungsgutes Maßstab für die Höhe der möglichen Kreditgewährung sein." (214)

Auch wenn das Denken in 'realen' Sicherheiten von diesen Autoren scharf verurteilt wird, erkennen sie an, daß Banksicherheiten die Kreditposition einer Bank verbessern können:

"Ohne Zweifel wird zwar der dinglich gesicherte Gläubiger im Konkurs besser fahren als der dinglich nicht gesicherte, aber von der Verschlechterung der wirtschaftlichen Verhältnisse des Kunden bis zur Eröffnung des Konkursverfahrens ist ein weiter Weg, auf dem der rechtliche und wirtschaftliche Wert der dinglichen Sicherung unübersehbaren Risiken ausgesetzt ist. Auch im Vergleich wird der dinglich gesicherte Gläubiger eine vorteilhaftere Behandlung erfahren als der ungesicherte, aber gewöhnlich muß auch er hier Verluste in Kauf nehmen.... Der tatsächliche Wert der dinglichen Sicherung ist daher nicht übermäßig hoch zu veranschlagen." (215)

Wenn Sicherheiten geeignet sind, das mit der Kreditgewährung an einen Kreditnehmer verbundene Risiko zu vermindern, dann fragt sich, wer dieses Risiko nach der Sicherheitenbestellung zu tragen hat. Hier wird insbesondere die These vertreten, durch Sicherheiten könne das Kreditrisiko von der Bank auf den Kreditnehmer abgewälzt werden:

"Es ist sicher Aufgabe des Bankiers, für den Kunden in der Erfassung des zukünftigen Risikos mitzudenken. Das Risiko zu tragen, ist aber eindeutig Aufgabe des Unternehmers selbst. Da die Zukunft einen großen Einfluß auf alle unternehmerischen Überlegungen hat und sie immer ungewiß ist, kann der Unternehmer von der Bank nie verlangen, daß sie ebenso stark wie er selbst an seine Möglichkeit, alle Risiken zu tragen, glaubt. Dafür fehlt der Bank z.B. naturgemäß auch das Fachwissen. Je stärker aber die Zukunft, der zukünftige Ertrag und der zukünftige 'cash flow' mit Risiken belastet ist, umso bereiter sollte der Kunde sein, Sicherheiten zu geben." (216)

"Eine Übertragung des Kreditrisikos auf den Kreditnehmer findet dann statt, wenn das Kreditinstitut seine Kredite so besichert, daß sich das Kreditinstitut im Falle der Zahlungsunfähigkeit des Kreditnehmers für seine Forderungen aus der Kreditgewährung (Kapital zuzüglich Zinsen und sonstiger Kosten) voll befriedigen kann." (217)

Wir hatten demgegenüber gesehen, daß bei gegebenem leistungswirtschaftlichen Risiko allein die Höhe des Eigenkapitals die

Höhe der von den Unternehmenseignern übernommenen Risiken bestimmt und daß Kreditsicherheiten dazu dienen, die in der Gesamtgläubigerposition eines Unternehmens enthaltenen Risiken entgegen dem Grundmodell quotenmäßiger Verteilung dieser Risiken auf die einzelnen beteiligten Gläubiger zu verteilen.

## 4.2 Der Einfluß von Sicherheiten auf die Qualität der Kreditpositionen von Banken

### 4.2.1 Personal- versus Realkredit

Erkennt man, daß der erreichbare Anteil einer Kreditfinanzierung am Vermögen eines Unternehmens stets von der wirtschaftlichen Entwicklung des Unternehmensvermögens während der Kreditlaufzeit und von der Einschätzung dieser Entwicklung durch die potentiellen Fremdfinanciers dieser Position abhängig ist, daß darüber hinaus die vermögensmäßige Besicherung eines Kredites wegen der damit in einem möglichen Konkursverfahren bestehenden Aus- und Absonderungsrechte zu einer vom Grundmodell quotenmäßiger Verteilung abweichenden Verteilung der von den Fremdfinanciers übernommenen Ausfallrisiken führt, dann fragt sich, welche ökonomische Bedeutung eigentlich der stets bei der Darstellung von Kreditgeschäften vorgenommenen Unterscheidung von Personal- oder Unternehmenskrediten auf der einen, Objekt- oder Realkrediten auf der anderen Seite zukommt.

Personal- oder Unternehmenskredite, bei denen die Bank auf eine haftungsmäßige Absonderung einzelner Vermögensteile des Schuldners verzichtet, werden auch als offene-, unbesicherte oder Blankokredite bezeichnet. (218) Die Bank wird auf eine Besicherung ihres Kredites verzichten, wenn die unbesicherte Kreditposition für sie von ihrem Risiko-Chancen-Gehalt her eine vorteilhafte Anlagemöglichkeit darstellt, wenn sie also dem von ihr vorgegebenen Zulässigkeitskriterium genügt.

Ist die Bank alleiniger Gläubiger eines Kreditnehmers und ist nicht zu erwarten, daß sie diese Stellung während der Kreditlaufzeit einbüßt, so wird sich ihr Kreditangebot durch eine vermögensmäßige Besicherung des Kredits nicht verändern. Der vom Kreditnehmer nachgefragte Betrag ist bei gegebenem Zinssatz für die Bank akzeptabel oder nicht akzeptabel. Der Schuldner haftet seinen Gläubigern stets mit seinem gesamten Vermögen, und da die Bank Alleingläubiger des Kreditnehmers ist, unterscheidet sich ihre unbesicherte Kreditposition wirtschaftlich nicht von einer gleichwie aus dem Vermögen des Kreditnehmers besicherten Position: Die Erwartungsstruktur der Liquidationserlöse eines einzelnen zur Besicherung herangezogenen Vermögensgegenstandes ist in der Erwartungsstruktur der Liquidationserlöse des Gesamtvermögens des Kreditnehmers enthalten, woraus folgt, daß die Ergänzung der Krediterwartungsstruktur bei Gesamtvermögenshaftung um die Erwartungsstruktur der Sicherheitenposition gerade wieder die Krediterwartungsstruktur der unbesicherten Position ergibt. (219) Das der Bank haftende Vermögen ließe sich allein durch Haftungszusagen Dritter ergänzen.

Wenn Banken trotz ihrer mutmaßlich auch in Zukunft bestehenden Alleingläubigerschaft gegenüber einem Kreditnehmer auf der haftungsmäßigen Zuordnung bestimmter Vermögensobjekte bestehen, so wird der Grund für dieses Verhalten in vielen Fällen im Mangel der den Banken zugänglichen Informationen liegen. Kreditinstitute bestehen nämlich in aller Regel bei der Besicherung von Krediten auf 'banküblichen' Sicherheiten, deren Verwertungserlöse sie hinreichend genau abzuschätzen vermögen. Hier besteht die Möglichkeit, daß Banken aufgrund der Vorlage einer Sicherheit zu einem größeren Kreditangebot bereit sind als wenn sie bei der Zulässigkeitsprüfung von der pessimistisch eingeschätzten unbesicherten Kreditposition ausgehen. Kreditnehmer können einem solchen Verhalten der Banken entgegentreten, wenn sie ihrem potentiellen Kreditgeber ausreichende Informationen zur Verfügung stellen. (220)

Hauschildt hat in empirischen Tests festgestellt, daß Banken bei einer funktionierenden Finanzplanung des Kreditnehmers eher bereit sind, auf herkömmliche Sicherheiten zu verzichten. Auf detaillierten Informationen, sprich Finanzplanung basierende Erwartungsstrukturen führen also im Durchschnitt leichter zu akzeptierbaren Kreditpositionen als Erwartungsstrukturen, die aus nur wenigen Unternehmensdaten entwickelt werden müssen. (221)

Auf eine Besicherung der Kreditposition wird die Bank auch dann verzichten, wenn die ihr angebotene Kreditposition trotz gleich- oder vorwertiger Zugriffsrechte anderer Gläubiger im Konkursfall von ihrem Risiko-Chancen-Gehalt her ihren Sicherheitsanforderungen genügt. Dies wird insbesondere dann der Fall sein, wenn die der Bank zur Verfügung stehenden Informationen den Schluß zulassen, die Wahrscheinlichkeit einer Zahlungsunfähigkeit des Kreditnehmers während der Kreditlaufzeit sei vernachlässigbar klein.

Die Informationshandlungen der Bank sind also beim Personalkredit auf die Abschätzung der zukünftigen Entwicklung der Vermögens- und Schuldenpositionen eines Wirtschaftssubjektes oder eines Unternehmens gerichtet. (222)

Real- oder Objektkredite im weiteren Sinn umfassen Mobiliarkredite (haftungsmäßige Zuordnung beweglichen Unternehmensvermögens zu einzelnen Gläubigern), Kredite gegen Unterlage durch Forderungen, Ansprüche und Rechte des Kreditnehmers und Immobiliarkredite (Realkredite im engeren Sinn).

In ihrer strengen Form stellen solche Kredite reine Beleihungskredite dar. Der Bank wird als Kreditunterlage ein bestimmtes Vermögensobjekt angeboten. Die Informationshandlungen des Kreditgebers sind allein darauf gerichtet, die Erwartungsstruktur der Liquidationserlöse des Vermögensobjektes abzuleiten. Das Kreditangebot der Bank läßt sich bei gegebener Erwartungsstruktur in gleicher Weise ableiten, wie bei der Finanzierung einer Gesamtvermögensposition.

Tatsächlich wird auch beim Realkredit nicht auf die schuldrechtliche Bindung des Kreditnehmers verzichtet, die Höhe des Kreditangebots ergibt sich aber traditionsgemäß allein aus der zur Besicherung angebotenen Vermögensposition. "Realkredit, und zwar in der engeren Auffassung als Immobiliarkredit, hat als förmliche Voraussetzung die Sicherung durch Grundpfandrechte, in der Praxis durch Verkehrshypotheken oder Grundschulden. Als materielles Erfordernis ist allgemein anerkannt, daß die Verzinsung und Rückzahlung des Kredites aus dem Beleihungsobjekt, also aus dem verpfändeten Grundstück samt den darauf errichteten Bauwerken und dem mithaftenden Zubehör gewährleistet sein muß, ohne daß es erforderlich ist, das sonstige Vermögen des Schuldners mit heranzuziehen." (223) Wird die These vertreten, daß man auch beim Objektkredit bei der Ermittlung der Beleihungsgrenzen für den abgetretenen Vermögensgegenstand stärker die unterschiedlichen persönlichen Verhältnisse des Kreditnehmers zu berücksichtigen habe (224), so zieht man nur die Konsequenz aus der Tatsache, daß sich das Kreditangebot einer Bank an einen Kreditnehmer eben an der vollständig formulierten Kreditrückzahlungsfunktion des Kreditnehmers zu orientieren hat, will die Bank nicht auf Kreditpositionen verzichten, die an sich ihren Sicherheitsanforderungen genügen. (225)

Die Unterscheidung in Personal- und Objektkredite ist also eher institutionell zu verstehen oder im Hinblick auf organisatorische Anforderungen bezüglich der vorzunehmenden Informationshandlungen oder den im Zusammenhang mit der Sicherung von Krediten auftretenden rechtlichen Fragen.

Ökonomisch exakt kann die Kreditposition einer Bank nur dann beurteilt werden, wenn sie vollständig beschrieben ist, d.h. wenn sie aus

- der Analyse des leistungswirtschaftlichen Risikos des Kreditnehmers und dem Anteil der von den Fremdfinanciers insgesamt übernommenen Risiken,

- dem Rechtsrang der eigenen und fremden Gläubigeransprüche aufgrund der konkursrechtlichen Gläubigerrangfolge,

- den vorgenommenen haftungsmäßigen Zuordnungen investierten und/oder potentiellen Unternehmensvermögens des Schuldners zu bestimmten Gläubigern oder Gläubigergruppen und

- dem eventuellen Rechtsrang der Gläubigeransprüche an dem Verwertungserlös dieser Sicherungsobjekte

entwickelt wurde. In allen anderen Fällen wird auf eine exakte Beschreibung der Kreditposition verzichtet; die Bank orientiert sich bei der Entscheidung über eine Kreditvergabe aus Unkenntnis oder wegen einer bewußten, kostensparenden Unterlassung einer weitergehenden Kreditfähigkeitsprüfung an Indizien, die nur 'mehr oder weniger' die Qualität ihres Kreditengagements erfassen können.

Stellt die oben entwickelte Kreditposition aufgrund des Entscheidungsverhaltens der Bank eine vorteilhafte Investitionsmöglichkeit dar, dann ist der Kreditnehmer in den Augen der Bank kreditfähig; die Bank übernimmt gegen Hingabe von Zahlungsmitteln einen Anteil der dem Kreditnehmervermögen inhärenten Chancen und Risiken.

Im folgenden wollen wir von der angegebenen Darstellung der Kreditsicherheiten ausgehend prüfen, welche Gesichtspunkte Banken bei der Frage nach dem Ausmaß und der Form der Kreditsicherung für bestimmte Kreditengagements zu beachten haben, wollen sie nicht an dem von ihnen verfolgten Sicherungszweck vorbeihandeln.

### 4.2.2 Beispiele für die Veränderung von Kreditpositionen durch Sicherheitenhereinnahme

Die oben angegebene Darstellung besicherter Kreditpositionen wollen wir an einigen einfachen Beispielen veranschaulichen, um den Einfluß der Sicherheiten auf die Kreditpositionen von Banken herauszuarbeiten. Dabei interessieren vorwiegend zwei Fragen:

a) Ist der erwartete Liquidationswert einer Sicherheit ein geeigneter Maßstab für die Beurteilung von Kreditsicherheiten?

b) Läßt sich der 'Wert' einer Sicherheit überhaupt isoliert aus der Erwartungsstruktur seiner Liquidationserlöse bestimmen?

#### 4.2.2.1 'Sichere' und 'unsichere' Banksicherheiten

Das Vermögen eines Unternehmens, das vollständig mit Fremdkapital finanziert sei, umfasse einzig und allein zwei Vermögensgegenstände, nämlich die Aktien V und W.

- Wertpapier V wurde in $t_0$ zu DM 100 erworben; für den möglichen Kurswert zum Liquidationszeitpunkt $t_1$ werden ja nach dem Eintritt bestimmter Umweltzustände zwei Kursentwicklungen unterstellt; dem Ansteigen des Kurses auf 132 wird eine Wahrscheinlichkeit von 80 %, dem Fallen des Kurses auf 12 eine Wahrscheinlichkeit von 20 % zugeordnet. Der Kurserwartungswert für Wertpapier V ergibt sich damit als $132 \cdot 0{,}8 + 12 \cdot 0{,}2 = 108$.

- Wertpapier W wurde in $t_0$ ebenfalls zu DM 100 erworben; hier wird angenommen, daß die mögliche Kursentwicklung ebenfalls von zwei Ereignissen abhängt; mit einer Wahrscheinlichkeit von 60 % wird mit einem Kurs von 168, mit einer Wahrscheinlichkeit von 40 % wird mit einem Kurswert von 18 gerechnet. Der Erwartungswert des Kurses für die Aktie W liegt damit ebenfalls bei $168 \cdot 0{,}6 + 18 \cdot 0{,}4 = 108$.

Ist die Entwicklung der Chancen und Risiken beider Wertpapiere unabhängig voneinander, so läßt sich die Erwartungsstruktur für die Gesamtposition aus den Wertpapieren V und W anschreiben als:

| Kurswert | Prob. |
|---|---|
| 300 | 0,48 |
| 180 | 0,12 |
| 150 | 0,32 |
| 30 | 0,08 |

Nehmen wir an, die beiden Wertpapiere V und W seien von den Gläubigern B und G zu gleichen Teilen kreditfinanziert worden, ohne daß eigene Mittel des Unternehmens zur Verfügung ständen, wobei sich beide Gläubiger eine Verzinsung von 20 % ausbedungen haben. Nehmen wir weiter an, die Gläubiger und das Unternehmen hegten die gleichen Erwartungen über den Eintritt der Kurse für die Aktien, dann partizipieren die Gläubiger B und G an einem eingetretenen Gewinn bis zur Höhe ihres Gesamttilgungsbetrages s = 100(1 + 0,2) + 100(1 + 0,2) = 240. Liegt der Kurswert für beide Aktien am Erklärungstag unter 240, so wird der Verkaufserlös auf die Gläubiger gleichmäßig aufgeteilt. Die übereinstimmende Erwartungsstruktur für die Kreditposition der Gläubiger B und G läßt sich dann angeben als:

| Tilgungsbetrag | Prob. |
|---|---|
| 12o | o,48 |
| 9o | o,12 |
| 75 | o,32 |
| 15 | o,o8 |

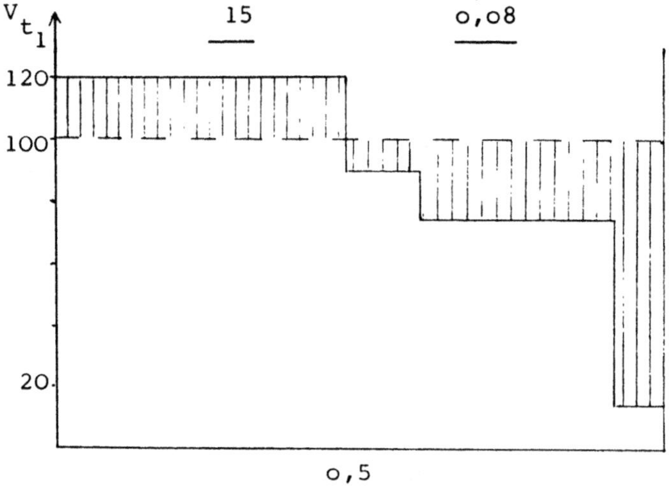


Abb. 22

Gläubiger B (die Bank) erhalte nun das Wertpapier V als Sicherheit, mit dem Recht, Wertpapier V am Liquidationstag zur Befriedigung seines Anspruches vorab zu verwerten.

B kann dann mit einer Wahrscheinlichkeit von 80 % mit einer vollständigen Befriedigung aus der Verwertung der Sicherheit rechnen. Mit einer Wahrscheinlichkeit von 20 % erhält B aus der Verwertung des Wertpapiers V nur den Betrag 12, ist aber dann mit der Restforderung von DM 108 an der Verwertung des Wertpapiers W beteiligt, d.h., der Liquidationserlös des Wertpapiers W wird auf B und G im Verhältnis 108 zu 120 aufgeteilt. Die Kreditrückzahlungsfunktion für B läßt sich dann anschreiben als:

$$s_B^+ = \begin{cases} 120 & \text{mit Prob.} = 0{,}8 \\ 12 + \dfrac{120 - 12}{240 - 12} \cdot 168 & \text{mit Prob.} = 0{,}12 \\ 12 + \dfrac{120 - 12}{240 - 12} \cdot 18 & \text{mit Prob.} = 0{,}08 \end{cases}$$

$$s_B^+ = \begin{cases} 120 & \text{mit Prob.} = 0{,}8 \\ 91{,}57 & \text{mit Prob.} = 0{,}12 \\ 20{,}53 & \text{mit Prob.} = 0{,}08 \end{cases}$$

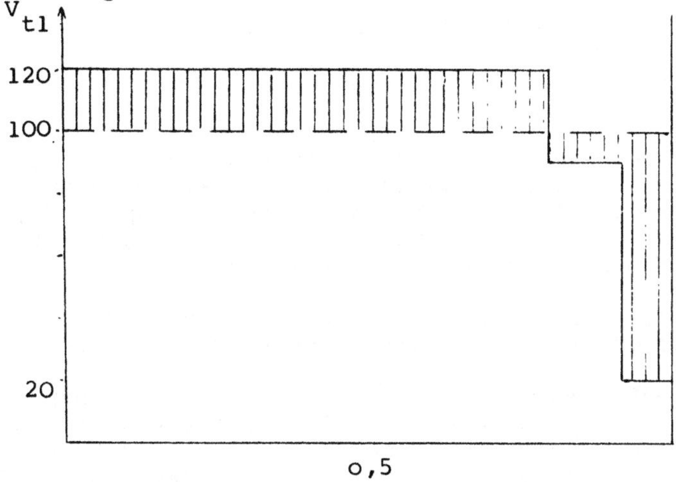


Abb. 23

Wir sehen, wie sich durch die Sicherheitenbestellung für die Bank B deren Kreditposition gegenüber einer unbesicherten Kreditvergabe verbessert hat. (226)

Die Wahrscheinlichkeit für eine vollständige Kredittilgung hat sich für die B-Bank von 48 % auf 80 % erhöht. Der Erwartungswert der Rückzahlung hat sich von

$$E(B_u) = 0{,}48 \cdot 120 + 0{,}12 \cdot 90 + 0{,}32 \cdot 75 + 0{,}08 \cdot 15$$
$$= 93{,}60$$

auf

$$E(B_b) = 0{,}8 \cdot 120 + 0{,}2 \cdot 12 + 0{,}12 \cdot 79{,}57 + 0{,}08 \cdot 8{,}53$$
$$= 108{,}63$$

erhöht.

Ließe sich die B-Bank zur Sicherung ihrer Forderung statt Wertpapier V das Wertpapier W mit demselben Kurserwartungswert von 108 abtreten, dann ergäbe sich für B folgende Kreditrückzahlungsfunktion:

$$s_B^+ = \begin{cases} 120 & \text{mit Prob.} = 0{,}6 \\ 18 + \frac{120 - 18}{240 - 18}\ 132 & \text{mit Prob.} = 0{,}4\ 0{,}8 \\ 18 + \frac{120 - 18}{240 - 18}\ \ 12 & \text{mit Prob.} = 0{,}4\ 0{,}2 \end{cases}$$

$$s_B^+ = \begin{cases} 120 & \text{mit Prob.} = 0{,}6 \\ 78{,}65 & \text{mit Prob.} = 0{,}32 \\ 23{,}51 & \text{mit Prob.} = 0{,}08 \end{cases}$$

Gegenüber der unbesicherten Kreditposition hat sich die Wahrscheinlichkeit der vollständigen Kreditrückführung nur von 48 % auf 60 % erhöht (gegenüber 80 % bei Wertpapier V), der Erwartungswert der Kredittilgung hat sich von 93,6 auf 99,05 erhöht (gegenüber 108,63 bei Wertpapier V).

Wertpapier V ist trotz gleichen Kurserwartungswertes wie Wertpapier W eine günstigere Kreditbesicherungsgrundlage.

Der Grund hierfür ist darin zu sehen, daß das Wertpapier W zwar eine hohe Kurssteigerung auf 168 erfahren kann, Kurse über 120 für den Sicherungsnehmer aber wegen der Rückführung überschüssiger Liquidationserlöse an die Konkursmasse für die Qualität der Kreditposition ohne Bedeutung sind. Dagegen beträgt die Wahrscheinlichkeit, daß der Kurs von 120 überhaupt erreicht wird, nur 60 %. Für Wertpapier V als Sicherheit ergibt sich dagegen mit 80 % eine vollständige Befriedigung der Bankforderung aus der Sicherheit, auch wenn der Liquidationserlös aus der Sicherheit nur geringfügig den Forderungsbetrag der Bank übersteigt. Dazu kann die Bank bei einer Teilbefriedigung aus der Sicherheit unter Umständen an einem hohen Liquidationserlös für das Wertpapier W partizipieren.

Damit ergibt sich, daß der Erwartungswert des Liquidationserlöses aus einem Vermögensgegenstand nicht unmittelbar als Maß für die Vorteilhaftigkeit eines Besicherungsmittels herangezogen werden kann. Je geringer bei gleichem Liquidationserwartungswert die Streuung möglicher Liquidationserlöse um den erwarteten Liquidationserlös ist, umso günstiger ist eine Sicherheit zu beurteilen, denn umso wahrscheinlicher wird es, daß der tatsächliche Liquidationserlös nahe bei dem erwarteten liegt. Als einfacher Maßstab für die Beurteilung von Vermögensobjekten als Besicherungsgrundlage böte es sich an, den erwarteten Liquidationswert mit der Wahrscheinlichkeit zu gewichten, daß der erwartete Liquidationserlös erreicht wird.

Man kann vermuten, daß der Besicherungspraxis ein solches Konzept vorschwebt, wenn die Beleihungsgrenze für Vermögensobjekte, deren mutmaßlicher Liquidationswert sich in Zukunft relativ stabil entwickeln wird, höher angesetzt wird als für Vermögensobjekte mit erwarteten starken Veränderungen des Liquidationserlöses. "Die Beleihungsgrenze ist verschieden hoch, und zwar ist sie, um es auf eine allgemeine Formel zu bringen, umso höher, je mehr die Gewißheit besteht, das Pfand im Ernstfall schnell zu dem Beleihungswert veräußern, also in bares Geld umsetzen zu können." (227)

#### 4.2.2.2 Unternehmenstypische Sicherheiten

Dieter Schneider (228) geht in einem Beispiel, in dem er die Wirkung einer Sicherheitenbestellung auf die Kreditposition einer Bank aufzeigen will, von folgender Glaubwürdigkeitsverteilung für die Rückzahlung eines Kredites in Höhe von DM 1.000 für zwei Jahre zu 10 % Verzinsung an einen Kreditnehmer aus:

| Zukunftslage | Prob. | Rückzahlungsbetrag |
|---|---|---|
| Konkurs des Schuldners | 0,05 | 0 |
| Vergleichsverfahren | 0,05 | 500 |
| Zahlungsaufschub | 0,10 | 1000 |
| Glatte Abwicklung | 0,80 | 1210 |

Der Erwartungswert des Rückzahlungsbetrages ergibt sich durch Multiplikation der möglichen Rückzahlungsbeträge mit den ihnen zugeordneten Wahrscheinlichkeiten = 1.093. Die erwartete Verzinsung des Kredites beträgt damit nur rund 4,5 %. Da der Bank diese Rendite zu niedrig erscheint, verlangt sie die Stellung von Kreditsicherheiten. Als Sicherheiten werden ihr langfristige Kundenforderungen des Kreditnehmers im Nennwert von DM 2000 abgetreten, für die am Ende der Kreditlaufzeit mit folgenden Zukunftslagen gerechnet wird:

| Zahlung aus der Forderung | Prob. |
|---|---|
| 500 | 0,2 |
| 1000 | 0,4 |
| 2000 | 0,4 |

Die der Bank angebotene Sicherheit scheint sehr schlecht zu sein, denn mit 60 % Wahrscheinlichkeit wird der Erlös aus der Sicherheit unter der Rückzahlungsforderung der Bank liegen. Die Kreditposition der Bank läßt sich aber nur dann beurteilen, wenn ursprüngliche Kreditposition und Sicherheitenposition zusammen betrachtet werden. Schneider geht zunächst davon aus, daß der für den Schuldner ungünstigste Fall (Konkurs) mit dem niedrigsten Erlös aus der Sicherheit zusammenfällt, daß also zwischen der Zukunftslage des Kreditnehmers und seiner Abnehmer Risikogleichlauf besteht. Dann ergibt sich für die Bank folgende Rückzahlungsfunktion:

$$s_B^+ = \begin{cases} 500 & \text{mit Prob.} = 0{,}05 \\ 1000 & \text{mit Prob.} = 0{,}05 \\ 1210 & \text{mit Prob.} = 0{,}90 \end{cases}$$

"Selbst wenn wir den ungünstigsten Fall des Risikogleichlaufs annehmen, wird durch die an sich recht zweifelhafte Sicherheit das Kreditrisiko entscheidend vermindert. Der Erwartungswert des gesicherten Kredits bei einer Beleihungsgrenze von 60 % (Abtretung von 2.000 Mark Forderungen) beträgt 1.164, d.h. die erwartete Rendite steigt auf knapp 8 %." (229)

Schneider geht in seinem Beispiel implizit von der Annahme aus, daß der ursprünglichen Kreditforderung der Bank im Falle des Konkurses andere Forderungen vorgehen, etwa Steuerzahlungen an den Fiskus, oder daß ein Teil der übrigen Vermögensgegenstände des Kreditnehmers schon als Sicherheiten an andere Gläubiger abgetreten wurden. Ansonsten dürften die für das Unternehmen geschätzten Liquidationserlöse die Liquidationserlöse aus der Sicherheit nicht unterschreiten. In diesem Fall erbringt die Bestellung von Sicherheiten für die Bank selbst dann einen großen Vorteil, wenn, wie im Beispiel angenommen, die Entwicklung der wirtschaftlichen Lage des Kreditnehmers und die Entwicklung der Sicherheiten stark korreliert sind.

Die Kreditposition der Bank verbessert sich natürlich dann weiter, wenn angenommen werden kann, daß die Wahrscheinlichkeitsverteilungen für die Kreditposition und die Sicherheitenposition relativ unabhängig voneinander sind. Dann können die Zukunftslagen Konkurs, Vergleich usw. mit jeder der drei Zukunftslagen für die Erlöse der Sicherheiten zusammentreffen.

$$s_B^+ = \begin{cases} 500 & \text{mit Prob.} = 0{,}01 \\ 1000 & \text{mit Prob.} = 0{,}03 \\ 1210 & \text{mit Prob.} = 0{,}96 \end{cases}$$

Der Erwartungswert der Rückzahlung steigt auf 1.196,6, die erwartete Rendite auf knapp 9,5 %.

Als Ergebnis dieses Beispiels können wir festhalten, daß die Bestellung von Sicherheiten für einen Kreditgeber im Sinne einer Verminderung des Kreditrisikos immer dann günstig wirkt, wenn der Kreditgeber davon ausgehen muß, daß im Konkursfall konkurrierende Gläubiger eine Vorrangstellung aufgrund einer günstigeren Rangposition oder eines Absonderungsrechtes schon besitzen, und zwar gleichgültig, welche Korrelation zwischen der Entwicklung der ursprünglichen Kreditposition und der Sicherheitenposition besteht, wobei die Gesamtkreditposition umso weniger riskant wird, je gegenläufiger die Entwicklung der beiden Positionen angenommen werden kann. Banksicherheiten gleichen 'Beleihungswertes' und gleicher 'Beleihungsgrenzen' sind also dann unterschiedlich zu beurteilen, wenn der Risikozusammenhang der Sicherheit mit der Gesamtvermögensposition des Kreditnehmers differiert. Eine Bank, der zur Sicherung ihres Kredites an eine Werkzeugmaschinenfabrik entweder ein Aktienpaket an einer Brauerei oder lagernde Werkzeugmaschinen des Unternehmens angeboten werden, bevorzugt zur Sicherung ihres Kredites auch bei für beide Vermögensobjekte gleichlaufenden Wahrscheinlichkeitsverteilungen der Liquidationserlöse das Aktienpaket.

Wenn cum grano salis angenommen werden kann, daß für betriebstypische oder betriebsnotwendige Vermögensobjekte des Kreditnehmers eher ein Risikoverbund mit der Entwicklung der wirtschaftlichen Lage des Kreditnehmers angenommen werden kann als für nicht betriebsnotwendige Vermögensteile, dann gewinnt dieser vom Diversifikationsaspekt der Sicherheitenbestellung vorgetragene Gesichtspunkt der Bevorzugung von mit dem Restvermögen weitgehend unkorrelierten Sicherheiten an Bedeutung, wenn die Wirkung einer Sicherheitenverwertung auf die weitere Unternehmenstätigkeit des Kreditnehmers berücksichtigt wird. Theisinger (230) hat dies mit seiner Forderung nach einer unterschiedlichen Beurteilung des selbständigen und des unselbständigen Beleihungskredits deutlich gemacht: "Die Beurteilung von Beleihungskrediten hängt auch davon ab, ob die Kreditgewährung lediglich die Bevorschussung des möglichen oder in Kürze eintretenden Verkaufs des Pfandobjektes darstellt (selbständiger Beleihungskredit) oder ob das Pfandobjekt zum dauernd gebundenen Unternehmensvermögen gehört (unselbständiger Beleihungskredit). Diese Feststellung deckt sich nur teilweise mit der Frage nach der Realisierbarkeit der Pfänder. Waren, die zum betriebsnotwendigen Vermögen gehören, können zwar leicht verkäuflich sein, aber doch nicht ohne schwerwiegende Störungen der Verfügung der Unternehmung entzogen werden. Nicht betriebsgebundenes Vermögen, z.B. Wertpapiere, die als Kapitalanlage dienen, kann zur Deckung eines Geldbedarfs verkauft werden..."

## 4.3 Banküblichen Sicherheiten

Kreditsicherheiten, die einzelnen Unternehmensgläubigern im Konkursfall des Unternehmens einen Aus- oder Absonderungsanspruch geben, führen, wie wir gesehen haben, zu einer Verteilung der Gläubigerrisiken, die vom Grundmodell einer am Fremdkapitaleinsatz bemessenen quotenmäßigen Risikoverteilung zwischen den Unternehmensgläubigern bei Berücksichtigung gewisser Konkursprivilegien abweicht. Dies ist der Grund dafür, daß Einzelkreditpositionen nicht vollständig beschrieben sind, wenn nur das leistungswirtschaftliche Risiko und die Unternehmensverschuldung in die Beschreibung der Kreditposition eingehen.

Eine Kreditposition, die bezüglich der Kreditfähigkeitsindizien 'Unternehmensrisiko' und 'Verschuldungsgrad' den Sicherheitsanforderungen einer Bank nicht genügt, kann durch eine Besicherung und die dadurch bewirkte Verschiebung des Gläubigerrisikos auf die anderen Kreditgeber zu einer den Sicherheitsvorstellungen der Bank entsprechenden Kreditposition werden. Für die Beurteilung der Qualität einer Kreditposition kann es der Bank also gleichgültig sein, ob ihre Bonitätsanforderungen schon durch die unbesicherte Kreditposition erreicht werden, oder ob dies (bei Berücksichtigung der Lästigkeit einer Besicherung) erst durch eine Sicherheitenbestellung erreicht worden ist. "Die Gewährung eines Kredites beispielsweise, zu dessen Sicherstellung die offene Zession eines in gleicher Höhe eingezahlten Bausparvertrages einer anerkannten Bausparkasse angeboten wird, ist aus absatzpolitischen Überlegungen heraus auch dann nicht abzulehnen, wenn die sonstige Bonität des Partners als unzureichend angesehen wird." (231)

Umgekehrt kann eine Kreditposition, die bezüglich der Kreditfähigkeitsindizien 'Unternehmensrisiko' und 'Verschuldungsgrad' dem Sicherheitsniveau einer Bank sehr wohl zu genügen vermag, durch Sicherheiten, die anderen Unternehmensgläubigern zur Verfügung gestellt wurden, zu einem Kreditengagement führen, das dem von der Bank geforderten Bonitätsstandard nicht mehr entspricht. Zur Vermeidung solcher Risikoverschiebungen während der Kreditlaufzeit lassen sich Banken in der strengen Form von ihren Kreditnehmern eine Ausschließlichkeitserklärung abgeben, derzufolge der Kreditnehmer verpflichtet ist, alle Bankgeschäfte mit der kreditgewährenden Bank abzuwickeln, oder wenigstens keine weiteren Kredite bei Banken aufzunehmen. (232) In der weniger strengen Form lassen sich Banken von ihren Kreditnehmers eine Negativerklärung (Negativrevers, Negativklausel) geben, in der sich der Kreditnehmer verpflichtet, die Zugriffsmöglichkeiten auf sein Vermögen nicht durch Belastung seines Grundbesitzes oder durch Bestellung anderer Sicherheiten an andere Gläubiger zu ungunsten der Bank zu verändern. (233) Hegen Banken Zweifel über die Einhaltung der Negativerklärung durch den Schuldner, so verlangen sie von ihrem Kreditnehmer eine Besicherung des Engagements, insbesondere, um seine sicherungsfreie Haftungsmasse und damit seine Möglichkeiten einer Kreditaufnahme bei anderen Gläubigern zu beschränken.

Bestehen Banken wegen der sonst für ein Kreditengagement nicht hinreichenden Qualität der Kreditposition darauf, ein Absonderungsrecht an bestimmten Vermögensgegenständen ihres Schuldners zu erhalten, dann stellt sich für sie die Frage nach dem Umfang und der Art der vom Kreditnehmer einzufordernden Kreditsicherheiten. Hier haben die bei der Abschätzung zukünftiger Liquidationserlöse aus der Sicherheitenposition auftretenden Schwierigkeiten dazu geführt, Verträge, die zur Sicherung von Bankkrediten ein Absonderungsrecht im Konkursfall bewirken (234), in mehrfacher Hinsicht zu standardisieren und zu normieren.

### 4.3.1 Banküblichkeit der Besicherungsmittel

Banken verlangen von ihren Kreditnehmers sogenannte bankübliche Sicherheiten, d.h. Besicherungsmittel, die einem anerkannten Bonitätsstandard entsprechen, so daß

a) die Abschätzung der Verwertungserlöse aus der Sicherheit keine zu großen Schwierigkeiten bereitet (die Abschätzung der

Liquidationserlöse im Verwertungsfall soll "leicht, hinreichend sicher und ohne nennenswerte Erhebungs- und Prüfungskosten for sich gehen." (235)) und

b) eine Abschätzung der Verwertungserlöse durch andere Banken zu ganz ähnlichen Ergebnissen führen würde. Die Objektivierung der Risikobeurteilung zur Gewährleistung der Abtretbarkeit der Kreditforderung (shiftability) ist nach Stützel sogar der eigentliche Grund für eine Sicherheitenbestellung. (236)

Zur weiteren Standardisierung der Beurteilung von Kreditsicherheiten hat sich darüber hinaus ein System von 'Beleihungswerten' und 'Beleihungsgrenzen' herausgebildet, das die Abschätzung zukünftiger Liquidationserlöse aus der Sicherheit durch Anwendung allgemeiner Normen vereinfachen will.

- Als 'Beleihungswert' wird zumeist ein Preis angesetzt, zu dem das Beleihungsobjekt am Tage der Bewertung normaliter abtretbar ist: "Bei Wertpapieren gilt als Beleihungswert grundsätzlich der Kurswert, Kaufmannswaren, Maschinen, Kraftfahrzeuge usw. sind durch einen Sachverständigen nach ihrem jeweiligen Handelswert zu bewerten. Für die Beleihung von Forderungen aus Lebensversicherungen wird der jeweilige Rückkaufswert als Beleihungswert zugrunde gelegt. Die Beleihung von Forderungen richtet sich im übrigen nach dem Nominalwert." (237)

- Die 'Beleihungsgrenze' wird durch einen Preisabschlag vom Beleihungswert kalkuliert, der pauschal

a) der Unsicherheit der Entwicklung des Beleihungswertes im Zeitablauf Rechnung tragen soll und

b) der Tatsache Rechnung trägt, daß die Verwertung des Sicherungsobjektes gerade für den Fall vorgesehen ist, daß wegen unmittelbar drohender oder schon eingetretener Zahlungsunfähigkeit des Kreditnehmers eine zwangsweise Veräußerung unter Zeitdruck vorgenommen werden muß. Als durchschnittliche Beleihungsgrenzen nennt Seibel folgende Sätze: (238)

| | |
|---|---|
| - unbebaute Grundstücke | 70 - 75 % |
| - bebaute Grundstücke mit Wohnhäusern | 50 - 60 % |
| - Fabrikanlagen | 40 - 60 % |
| - Wertpapiere (festverz.) | 70 - 80 % |
| - Dividendenpapiere | 50 - 70 % |

Die sachlich allein gerechtfertigte Abschätzung zukünftiger Liquidationserlöse aus dem Sicherungsobjekt wird also in der Bankpraxis durch normierte Abschläge von 'rechenbaren Werten' ersetzt. (239)

Wird die starre Ermittlung von Beleihungswerten und Beleihungsgrenzen in der Praxis nicht durch die Anwendung verschiedener 'Hausrezepte' ersetzt, die eine differenziertere Beurteilung der Qualität von Kreditsicherheiten ermöglichen, so erkennt man in Anbetracht der immer spezialisierteren Anlagen, Maschinen und Betriebsmittel der Kreditnehmer, daß den an Universalbanken herangetragenen wachsenden Kreditwünschen der

Wirtschaft eine relativ abnehmende 'bankübliche' Sicherheitendecke der Kreditnehmer gegenüber steht. (240)

Nicht zuletzt hat gerade diese Entwicklung dazu geführt, daß die Kreditvergabe mit der Deckung 'spezialisierte Industriegüter' von Spezialbanken, den Leasinggesellschaften, in zunehmendem Umfang durchgeführt wird. Leasingbanken und Hersteller als Leasinggeber besitzen über die von ihnen vermieteten Leasinggüter in der Regel bessere Marktkenntnisse als Universalbanken und können daher leichter eine differenziertere Abschätzung möglicher Verwertungserlöse des Sicherungsgutes vornehmen. Darüber hinaus besitzen Vermögensobjekte im Verwertungsfall für Leasinggesellschaften aufgrund ihrer Marktstellung eine größere Markttiefe als für Universalbanken. Der mögliche Beleihungsraum solcher Sicherungsgüter ist daher bei Leasinggesellschaften nicht unwesentlich höher als bei Universalbanken. (241)

Ebenso wird heute vielfach die Beleihung von Warenforderungen des Kreditnehmers durch den Verkauf dieser Forderungen an Factoringgesellschaften ersetzt. Factorbanken können die Bonitätsprüfung der abzutretenden Forderungsbestände des Kreditnehmers aufgrund ihrer Spezialisierung kostengünstiger gestalten als Universalbanken, die, soweit es sich nicht um eine Einzelzession handelt, eine differenzierte Bonitätsprüfung der Warenforderungen durch niedrige Beleihungsgrenzen ersetzen. (24

### 4.3.2 Banküblichkeit der Vertragsgestaltung

Eine Standardisierung der Kreditbesicherung, die im Hinblick auf die Banküblichkeit der Besicherungsmittel gezeigt wurde, läßt sich auch in der Vertragsgestaltung der Sicherungsabreden erkennen.

Die Wahl der Sicherungsform (Rechtsgestalt des Sicherungsvertrages) wird üblicherweise an Hand der als Sicherungsgrundlage dienenden Vermögensgegenstände vorgenommen, für die sich im Laufe der Zeit objektbezogene Standardverträge herausgebildet haben, (243) die das Sicherungsbedürfnis der Kreditgeber und das Nutzungsinteresse der Kreditnehmer an der Kreditsicherheit berücksichtigen.

Banken sind bei gegebener Erwartungsstruktur der Liquidationserlöse aus dem Besicherungsmittel daran interessiert,

a) Vertragsmuster zu verwenden, die die rechtlichen Risiken eines Besicherungsvertrages möglichst ausschließen und

b) das Absonderungsrecht an dem Besicherungsmittel durch einen Rechtsvertrag zu erhalten, bei dem der verwaltungsmäßige Aufwand der Sicherheitenverwahrung und -kontrolle möglichst niedrig ist und sich gut in die sonstige bankgeschäftliche Tätigkeit einordnen läßt (z.B. Effektenlombard).

Kreditnehmer wollen die eigene Nutzung des als Sicherungsgrundlage angebotenen Vermögensobjektes in Zukunft gewährleistet sehen. Läßt sich bei den geltenden Rechtsinstrumenten die wirksame Besicherung eines Kredits nur durch Aufgabe der weiteren Nutzung eines Vermögensgegenstandes durch den Kreditnehmer erreichen, dann wird das haftungsmäßige Sicherungsinteresse des Gläubigers überschritten und die unternehmerische Entscheidungsbefugnis über das Aktivvermögen ökonomisch unzulässig eingeengt.

Daher haben sich im Laufe der Zeit über die "geborenen" Sicherheiten hinaus Rechtsinstrumente entwickelt, die den speziellen Erfordernissen der Nutzung von Besicherungsmitteln durch den Kreditnehmer auf der einen, der wirksamen Besicherung des Kreditgebers auf der anderen Seite Rechnung tragen.

Geht man von dem kreditnehmenden Unternehmen aus, das (auch) auf der Grundlage bestimmter Vermögensgegenstände Zahlungsmittel bei Geldgebern nachfragt, so stehen ihm - geordnet nach der Vollständigkeit der Substitution von Vermögensobjekten durch Zahlungsmittel und damit geordnet nach den weiteren Nutzungsmöglichkeiten des Vermögensobjektes - folgende Möglichkeiten offen:

1. Der bloße Verkauf

2. Der Verkauf mit einer Option auf Rückkauf (Sicherungskauf)

3. Der Verkauf mit einer Verpflichtung zum Rückkauf (Pensionsgeschäft)

4. Der Verkauf mit einer bedingten Rücknahmeverpflichtung (Diskontierung)

5. Die Verpfändung bei Übergabe des Vermögensobjektes (Lombardierung)

6. Die Verpfändung bei Ersätzung der Übergabe des Vermögensobjektes (Übergabe eines Dispositionspapiers oder registergerichtliche Eintragung der Verpfändung)

7. Der Eigentumsübergang ohne Übergabe des Vermögensobjekts (Sicherungsübereignung)

Danach eignen sich jeweils bestimmte Vermögensobjekte als Grundlage für die angegebenen Typen von Besicherungsverträgen.

1. Unternehmen können sich Zahlungsmittel durch die bloße Veräußerung von Teilen ihres Aktivvermögens beschaffen, z.B. durch den Barverkauf von Waren, Wertpapieren oder Grundstücken. Die vollständige Substitution von sonstigen Aktiva eines Unternehmens durch Zahlungsmittel enthält keine Kreditvergabe des Käufers an den Verkäufer; der Verkäufer verzichtet auf die weitere Nutzung des Vermögensobjektes.

2. Unternehmen können Teile ihres Aktivvermögens an Banken mit der Option auf Rückkauf gegen Zahlungsmittel verkaufen. Dieses von der Bank aus als Sicherungskauf (244) bezeichnete Geschäft, bei dem das zahlungsmittelnachfragende Unternehmen der Bank die zur Sicherung dienenden Gegenstände verkauft, wobei ihm

ein Rückkaufsrecht eingeräumt zu werden pflegt, ist heute in der bankbetrieblichen Praxis nicht mehr anzutreffen. (245)

3. Unternehmen können Sachvermögensgegenstände oder Forderungen mit der Verpflichtung an eine Bank verkaufen, diese Vermögensobjekte zu einem im voraus bestimmten oder vom Unternehmen zu bestimmenden wieder gegen Entrichtung des empfangenen oder eines im voraus vereinbarten Betrages zurückzuerwerben: Unternehmen können sonstige Aktiva gegen Zahlungsmittel bei einer Bank in Pension geben. (246) Gegenstand solcher Pensionsgeschäfte können sämtliche Aktiva eines Unternehmens sein. Pensionsgeschäfte werden aber fast ausschließlich über festverzinste Wertpapiere und Darlehensforderungen (befristete Unterbringung von Schuldscheindarlehen) (247) abgeschlossen, wobei Pensionsgeber wie Pensionsnehmer ganz überwiegend Kreditinstitute oder Emissionshäuser sind. Immerhin haben aber z.B. 1965 inländische Wirtschaftsunternehmen Vermögenswerte in Höhe von DM 268 Mio. bei Geschäftsbanken in Pension gegeben. (248) Da im allgemeinen keiner der Vertragspartner während der Pensionszeit ein Rücktrittsrecht hat, muß der Pensionsgeber seiner vertraglichen Rücknahmepflicht und der Bezahlung des Rückkaufpreises auch dann nachkommen, wenn die in Pension gegebenen Effekten während der Pensionszeit zu einem 'non valeur' geworden sind. (249) Hier besteht ein Kreditrisiko für die in Pension nehmende Bank, das aber in der Praxis bedeutungslos ist, da die Abwicklung von Pensionsgeschäften nur mit ersten Adressen vereinbart wird. (250)

Ein mit dem Pensionsgeschäft in soweit gleichartiges Geschäft, als es sich auch hier um den Verkauf von Aktiva gegen Zahlungsmittel bei gleichzeitigem Rückkauf per Termin handelt, stellt das sogenannte Swapgeschäft dar. (251)

Swapgeschäfte werden an Devisenterminmärkten abgeschlossen, indem ein Kassaverkauf der Devisen mit einem Terminkauf dieser Devisen kombiniert wird.

4. Unternehmen haben die Möglichkeit, Forderungen in Wechselform an eine Bank mit der Verpflichtung zu veräußern, sie im Fall der nicht genügenden Bonität des Akzeptanten wieder zum Nennbetrag der Forderungen zurückzunehmen (Regreßmöglichkeit der Bank bei Diskontkrediten). Obwohl regelmäßig der Wechselbezogene die Einlösung der Wechselschuld am Verfalltag vornimmt, wird die Diskontierung von Wechseln gegenüber dem Einreicher von der Bank im Gegensatz zu den bisher dargestellten Transaktionen als Kreditvergabe aufgefaßt: Der Bankkunde, der einen Diskontkredit in Anspruch nimmt, ist gehalten, sein Einreicherobligo nur bis zu der mit ihm vereinbarten Diskontlinie ansteigen zu lassen.

Wird ein Wechsel mit der Abrede an ein Kreditinstitut verkauft, daß der Regreß des Wechselkäufers gegen den Aussteller und gegebenenfalls etwaige Indossanten ausgeschlossen bleibt, so spricht man von einer Forfaitierung; der Forfaitist übernimmt die Wechselforderung in 'Bausch und Bogen' (à forfait); für den Bankkunden handelt es sich um einen reinen Verkauf seiner Wechselforderung. Gegenstand von Forfaitierungsgeschäften sind - ohne daß dafür zwingende Gründe angegeben werden könnten - fast ausschließlich langfristige Exportforderungen über hohe Beträge, die insbesondere von Schweizer Spezialinstituten angekauft und häufig an private Anleger weitergegeben werden. (252)

5. Die klassische Form des Darlehens, der Lombardkredit, gibt Kreditnehmern die Möglichkeit, sich Zahlungsmittel gegen Verpfändung von 'beweglichen Sachen' und 'Rechten' (§§ 1204 ff. und 1273 ff. BGB) zu beschaffen. Das Pfandrecht der Bank für eine gegenwärtige oder künftige Forderung kommt durch die Einigung zwischen dem Kreditnehmer (Eigentümer der Pfandsache) und der Bank (Pfandgläubiger) über die Entstehung des Pfandrechts und die Übergabe des Pfandobjektes an den Kreditgeber zustande. (252) Der Kreis der lombardierbaren Gegenstände ist an sich sehr weit gezogen, doch zeigen sich als Unterlage für Lombardkredite (253) nur einige wenige Vermögensobjekte geeignet.

- Nicht geeignet sind Objekte, die leicht verderblich sind (Obst, Gemüse) oder deren Umfang und Gewicht eine sehr kostspielige Hinterlegung erfordern.

- Selten anzutreffen ist der Warenlombard, bei dem eine Verpfändung von Rohstoffen, Edelmetallen, Halb- und Fertigfabrikaten und warenbörslich notierten Waren wie Zucker, Getreide und Kaffee insbesondere durch Einlagerung in bankeigenen Lagerhäusern der Hafenstädte vorgenommen wird.

- Die Verpfändung von Rechten (Geschäftsanteilen einer GmbH, Patentrechten, Grundpfandrechten), insbesondere aber von Forderungen ist heute fast ganz von der Sicherungszession abgelöst worden (Ausnahme: Verpfändung von Sparguthaben und Forderungen aus Lebensversicherungen). Nach dem Grundsatz der Offenkundigkeit des Pfandrechts (Publizitätsprinzip des § 1280 BGB) muß das Pfandrecht an einer Forderung dem Drittschuldner vom Kreditnehmer angezeigt werden, damit die Verpfändung wirksam wird.

- Die Lombardierung besitzt heute im wesentlichen bei der Verpfändung von Effekten, in der Regel Aktien und festverzinslichen Werten, Bedeutung; da der Kreditgeber meist Depotstelle ist, sind die Durchführung der Besitzeinräumung und die Kontrolle der Besicherungsmittel äußerst einfach.

- In ihren Allgemeinen Geschäftsbedingungen haben sich die Kreditinstitute darüber hinaus zur Sicherung ihrer Ansprüche ein Pfandrecht an allen Wertgegenständen ihrer Kunden ausbedungen, die aufgrund geschäftlicher Vorgänge in ihre Verfügungsgewalt gelangen (Pfandklausel). (254)

6. Die Verpfändung von Vermögensobjekten eignet sich auch dort als Kreditunterlage, wo das Eigentum an einem Vermögensgegenstand durch sogenannte Traditionspapiere (Dispositionspapiere) repräsentiert wird. Die Übergabe des Pfandes wird hier durch die Übergabe des das Pfand repräsentierenden mit Pfandindossament versehenen Dokuments ersetzt:

- das Konossement (bill of lading), das im Überseeverkehr die Ware selbst vertritt;

- der Ladeschein des Binnenschiffers und Frachtführers;

- der Orderlagerschein des Lagerhausverwalters;

- der Duplikatfrachtbrief bei Eisenbahnen (kein Traditionspapier, daher hier Abtretung des Herausgabeanspruchs); (255)

Die Verpfändung eignet sich auch dort, wo die Übergabe des Pfandobjektes durch die Eintragung der Verpfändung in ein Register ersetzt werden kann. Beim unbeweglichen Vermögen erfolgt die Verpfändung mittels Einigung und Eintragung ins Grundbuch: der Kreditnehmer bleibt im Besitz der Pfandsache, der Kreditgeber ist von der Lästigkeit einer Pfandverwahrung befreit.

Die grundbuchrechtliche Sicherung durch Eintragung eines Grundpfandrechtes (Hypothek, Grund- und Rentenschuld) gilt heute als ganz bevorzugte Sicherungsgrundlage für mittel- und langfristige Kredite und Darlehen. Banken pflegen sich grundsätzlich brieflose Grundschulden eintragen zu lassen, und zwar mit Zwangsvollstreckungsklausel; (256) im Realkreditgeschäft wird die Verkehrshypothek in der Form einer Tilgungs- oder Annuitätenhypothek verwandt. (257) Der überwiegende Teil der Industrieanleihen ist grundpfandrechtlich gesichert. (258)

Für das unbewegliche Vermögen, für das in den dreißiger Jahren insbesondere der Zentralverband des Deutschen Großhandels die Möglichkeit der Bestellung einer Mobiliarhypothek (Registerpfandrecht) gefordert hat (259), besteht die Möglichkeit eines besitzlosen Pfandrechtes nicht. Statt des Registerpfandrechtes oder des früher üblichen Sicherungskaufs hat sich für das bewegliche Vermögen die Sicherungsübereignung durchgesetzt.

7. Danach besteht für Unternehmen die Möglichkeit, sich Zahlungsmittel gegen die Übertragung des Eigentums an Vermögensobjekten auf die Bank zu beschaffen, wobei ein Besitzkonstitut vereinbart wird, vermittels dessen der Kreditnehmer die Sache weiter nutzen kann (Sicherungszession von Forderungen und Sicherungsübereignung von beweglichen Sachen).

Die Sicherungsübereignung von beweglichen Sachen ist gesetzlich nicht geregelt; als Rechtsinstitution ist sie aber inzwischen längst gewohnheitsrechtlich anerkannt. Man versteht darunter ein Rechtsgeschäft, durch das bewegliche Vermögensgegenstände vom Kreditnehmer an den Kreditgeber zur Sicherung einer Forderung übereignet werden und der Kreditgeber berechtigt ist, die Sachen zur Tilgung der an den Sicherungsgeber ausstehenden Forderungen zu verwerten. (260) Der Kreditnehmer kann sich mit dem Kreditgeber auch über den künftigen Eigentumsübergang von beweglichen Sachen einigen und vereinbaren, daß sich das bereits bestehende Besitzmittlungsverhältnis bzw. die Abtretung eines Herausgabeanspruchs auch auf künftig in das Eigentum des Kreditnehmers fallende Sachen beziehen soll (vorweggenommenes oder antizipiertes Besitzkonstitut).

Ebenso wie das bewegliche Sachvermögen (261) des Kreditnehmers können auch Forderungen gegenüber Dritten zur Sicherung übereignet werden. Eine Forderung wird im Rahmen eines Zessionsvertrages an den Kreditgeber zediert, der dadurch statt des Kreditnehmers zum Gläubiger des Drittschuldners wird. Der Drittschuldner wird entweder von dieser Abtretung in Kenntnis gesetzt (offene Zession) oder die Abtretung wird dem Drittschuldner nicht angezeigt (stille Zession); in diesem Fall lassen sich aber die Kreditinstitute Abtretungsanzeigen des Kreditnehmers ausfertigen (Blanketten), die dann verschickt werden, wenn die Sicherheit des Kredites gefährdet erscheint. (262)

Die Abtretung einzelner Forderungen kommt, abgesehen von Ausscheidungsguthaben oder Kaufpreisforderungen für große Objekte, nicht häufig vor. (263) Im Mantelzessionsvertrag wird vereinbart, daß der Bankkunde zur Sicherung des Kredits für fällig werdende Forderungen laufend neu entstehende Außenstände abtritt, so daß der Gesamtbetrag der jeweils abgetretenen Forderungen entsprechend der in Anspruch genommenen Kreditsumme konstant bleibt. Während bei der Mantelzession die Bestandsmeldung an den Kreditgeber für die Abtretung konstitutiven Charakter hat, ist dies bei der Globalzession für den rechtswirksamen Übergang der Forderung auf den Kreditgeber nicht relevant. Bei der Globalzession tritt der Kreditnehmer (Zedent) seine sämtlichen gegenwärtigen und künftigen Forderungen aus bestimmten Rechtsgeschäften (z.B. sämtlichen inländischen Warenverkäufen) oder gegen bestimmte Drittschuldner (Kunden A-K) an die Bank (Zessionar) ab. (264) Die Bestandsmeldungen an die Bank haben hier nur deklaratorische Wirkung und dienen der Information des Kreditinstituts. (265)

Auf die rechtlichen Schwierigkeiten beim Abschluß von Sicherungsverträgen, z.B. der Bestimmbarkeit der Vermögensobjekte bei der Sicherungsübereignung von Warenlagern mit wechselndem Bestand (266) oder auf die Kollision der Interessen verschiedener Kreditgeber bei der Sicherheitenbestellung, insbesondere die der Lieferanten und Banken (Kollision von verlängertem Eigentumsvorbehalt der Lieferanten des Kreditnehmers und der Globalzession der Kreditinstitute (267)) wollen wir hier nicht eingehen. Aus dem kurzen Abriß der Sicherungsmöglichkeiten durch die rechtlich unterschiedlichen Zuordnungen von Vermögensgegenständen zu einzelnen Kreditgebern wollen wir aber zwei Tendenzen ableiten:

a. Verträge über die objektmäßige Besicherung von Krediten haben sich im Laufe der Zeit in der Weise entwickelt, daß das ursprüngliche vorherrschende Faustpfandprinzip von Sicherungsverträgen abgelöst wurde, die die weitere Nutzung der Sicherungsobjekte durch den Kreditnehmer gewährleisten.

b. Verträge über die objektmäßige Besicherung von Krediten haben sich im Laufe der Zeit auch in der Weise entwickelt, daß als Sicherungsobjekte nicht nur die im Zeitpunkt der Kreditvergabe vorhandenen Vermögensgegenstände dienen können, sondern auch solche, die erst während der Kreditlaufzeit aufgrund der absatz- und investitionswirtschaftlichen Entscheidungen des Kreditnehmers Gegenstände des Bruttovermögens des Kreditnehmers werden.

Statisches Denken in Sicherheiten, das Banken wegen ihrer Besicherungsanforderungen vielfach vorgeworfen wird, ist also bezüglich der Vertragsformen von den möglichen Ausgestaltungen der Sicherungsverträge längst überwunden. Objektmäßige Besicherungen des Bankkredits werden heute mehr als früher unter dem Gesichtspunkt eines zukünftigen vorwertigen Zugriffsrechts auf das Unternehmensvermögen vorgenommen. Globalzessionen, bei denen der Kreditnehmer seine sämtlichen gegenwärtigen und zukünftigen Forderungen aus bestimmten Rechtsgeschäften oder gegen bestimmte Drittschuldner an die Bank abtritt, weisen direkt in diese Richtung.

## Zusammenfassung

In der vorliegenden Arbeit wird der Versuch unternommen, einige Aspekte des Prozesses der Kreditvergabeentscheidung bei Banken theoretisch zu erklären.

Den Ausgangspunkt der Überlegungen bildet die These, daß eine wichtige Funktion der Banken darin besteht, die von Bankgläubigern als zu riskant gemiedenen Kapitalanlagen bei Sachinvestoren in weniger riskante Bankeinlagen zu transformieren. Es wird gezeigt, daß sowohl die traditionellen risikopolitischen Prinzipien der Banken als auch neuere bankbetriebliche Modelle, die dem Unsicherheitsaspekt von Entscheidungen explizit Rechnung tragen, den Risikentransformationsvorgang bei Banken aus dem Charakter von Kreditportefeuilleentscheidungen über die verschiedenen Möglichkeiten einer Diversifikation erklären können: die risikopolitischen Prinzipien zumindest die Zielrichtung, das Bankenmodell von Krümmel auch den Grad der Diversifikation.

Die zweite Überlegung ist, daß sich der reale Prozeß der Kreditvergabe bei Banken mit einem solchen Totalmodell nicht vollständig in den Griff bekommen läßt. Zur Begründung werden die hohen Informationsanforderungen des Modells, die speziell für das Kreditgeschäft typische Schwierigkeit einer vollständigen Formulierung der Alternativen und organisatorische Probleme insbesondere bei Filialbanken herausgestellt. Die Organisation des Kreditgeschäfts spricht dafür, daß Banken in einem nach der Größe der Engagements abgestuften System der Kreditvergabekompetenzen den einzelnen Entscheidungsträgern ein praktisch offenes Entscheidungsfeld einräumen, innerhalb dessen die Kreditentscheidungen möglichst allein nach gewissen, auf die Kreditanträge bestimmter Zinserlösklassen bezogenen Zulässigkeitskriterien vorgenommen werden.

Entscheiden aber Banken nach bestimmten Zulässigkeitskriterien (Feststellung der Eigenschaft eines Kreditnehmers, kreditwürdig und kreditfähig zu sein), dann impliziert das, daß bei der Einzelkreditentscheidung sowohl der Portefeuillecharakter der Entscheidung als auch eine mögliche Substitutionalität von Kreditrisiken und Kreditzinsen negiert werden. Die These von der Nichtüberwindbarkeit von Kreditrisiken durch Risikoprämien wird in der Bankliteratur überwiegend vertreten. Dagegen geht man in der Finanzierungstheorie häufig von einer möglichen Kalkulation von Risikoprämien auch bei der Entwicklung von Kapitalkostenkurven des Kredits aus. Die Modelle des creditrationing von Hodgman, Ryder, Miller und Freimer und Gorden, die von einer grundsätzlich möglichen Substitution von Kreditrisiken und Risikoprämien in Form von Zinsen ausgehen, werden eingehend analysiert und dabei festgestellt, daß sie - zum Teil entgegen der dort vertretenen Meinung - in praxi nicht zu einem anderen Ergebnis führen als die Annahme eines Risikohorizontes, durch den Krümmel das Zulässigkeitskriterium der Banken beschrieben hat (Risikonormierung).

Aus der für einen einzelnen Kreditnehmer vorgenommenen Ableitung der Kreditangebotsfunktion einer Bank folgt, daß in der Theorie der Unternehmensfinanzierung von einer Kreditkostenfunktion auszugehen ist, die in Abhängigkeit vom Verschuldungsgrad des Unternehmens in einem bestimmten Bereich als konstant angenommen werden muß, wobei dieser Bereich durch den erwarteten Unternehmensgewinn, das leistungswirtschaftliche Risiko des Unternehmens und die Position der Bank am Kreditmarkt bestimmt ist. Unternehmen unterschiedlicher Risikoklassen (unterschiedlicher Bonität) unterscheiden sich weniger bezüglich der Höhe ihres Fremdkapitalkostensatzes als der Größe des konstanten Bereichs der Kreditkosten bei wachsender Verschuldung.

Ausgangspunkt des dritten Teils der Arbeit bildet das Phänomen, daß Banken zwar von der Kalkulation von Zinsprämien für den Risikenausgleich absehen, daß sie aber - scheinbar als Ausgleich dafür - in vielen Fällen auf einer Quasiprämie in Form der Stellung von Sicherheiten durch den Kreditnehmer bestehen. Der ökonomische Effekt einer Sicherheitenbestellung zugunsten bestimmter Unternehmensgläubiger kann durch die Ableitung besicherter Kreditpositionen aus der Risiko-Chancen-Struktur der gesamten Unternehmensposition beschrieben werden. Es wird gezeigt, daß Kreditsicherheiten geeignet sind, die den Gläubigeransprüchen an ein Unternehmen anhaftenden Ausfallrisiken entgegen dem Konkursprinzip einer quotenmäßigen Verteilung dieser Risiken und entgegen bestimmten Konkursprivilegien (insbesondere der öffentlichen Hand) umzuverteilen, wenn haftungsmäßige Zuordnungen von Teilen des Unternehmensvermögens zu einzelnen Gläubigern vorgenommen werden.

Daraus ergibt sich für die Kreditfähigkeitsprüfung der Banken, daß ein mögliches Kreditengagement in seinem Risiko-Chancen-Gehalt nur dann vollständig beschrieben ist, wenn der Kreditstatus neben der Analyse des leistungswirtschaftlichen Risikos des Kreditnehmers und der Feststellung des Anteils an diesen Risiken, der von den Gläubigern insgesamt übernommen wird, folgende Elemente enthält: a. die Berücksichtigung des Rechtsrangs der eigenen und fremden Gläubigeransprüche aufgrund der konkursrechtlichen Gläubigerrangfolge, b. die Berücksichtigung der haftungsmäßigen Zuordnung investierten und/oder potentiellen Unternehmensvermögens des Schuldners zu bestimmten Gläubigern oder Gläubigergruppen aufgrund von Besicherungsverträgen und c. die Berücksichtigung des Rechtsrangs der Ansprüche am Verwertungserlös bestimmter Sicherungsobjekte.

Die Entscheidung über die Zulässigkeit eines so beschriebenen Engagements ist die Entscheidung über die Kreditfähigkeit des Schuldners. Kreditfähigkeit ist damit ein Begriff, der nur im Hinblick auf einen bestimmten Fremdfinancier in bezug auf ein bestimmtes vollständig beschriebenes Engagement angewandt werden kann.

Die Tatsache, daß Banksicherheiten natürlich nur dann eine Umverteilung der Gesamtgläubigerrisiken bewirken können, wenn mehrere Gläubiger an der Fremdkapitalposition partizipieren, führt für die Finanzierungstheorie zu dem Schluß, daß im Falle der Fremdfinanzierung durch mehrere Gläubiger und gleichzeitiger üblicherweise vorgenommener Sicherheitenbestellung die Entwicklung von Kapitalangebotskurven der Gläubiger und damit auch die Annahme einer Kreditkostenkurve für das Unternehmen in Abhängigkeit vom Verschuldungsgrad ausgeschlossen bleiben muß. Eine besicherte Kreditposition kann aber daraufhin untersucht werden, ob sie im Hinblick auf den Risikohorizont einer bestimmten Bank zulässig ist oder nicht.

## Literaturverzeichnis


Ahlert, Dieter, Absatzförderung durch Absatzkredite an Abnehmer, Wiesbaden 1972.

Aigner, D.J. und C.M. Sprenkle, A simple Model of Information and lending Behavior, in: The Journal of Finance, Vol. 23 (1968), S. 151-166.

Albach, Horst, Wirtschaftlichkeitsrechnung bei unsicheren Erwartungen, Köln und Opladen 1959.

Albach, Horst, Investition und Liquidität, Die Planung des optimalen Investitionsbudgets, Wiesbaden 1962.

Albach, Horst, Das optimale Investitionsbudget bei Unsicherheit, in: ZfB, 37. Jg. (1967), S. 503-518.

Apfelthaler, Siegfried, Das Risikoproblem im Bankbetrieb, Diss. Wien 1939.

Arnold, Hans, Risikentransformation, Finanzierungsinstrumente und Finanzierungsinstitute als Institutionen zur Transformation von Unsicherheitsstrukturen. Diss. Saarbrücken 1964.

Arnold, Hans und Horst Hoffmann, Alte und neue Finanzierungshilfen im Absatzweg, in: Wirtschaftsdienst, 48. Jg. (1968), S. 151-157.

Arrow, Kenneth J., Essays in the Theory of Risk-Bearing, Amsterdam - London 1970.

Aust, Eberhard, Der Wettbewerb in der Bankwirtschaft, Frankfurt 1963.

Baehring, Bernd, Die kommerzielle Kreditversicherung - ein Geschäft in der Nachbarschaft der Banken, in: Bank-Betrieb, 7. Jg. (1967), S. 79-83.

Bauer, Klaus-Peter, Zielfunktionen und finanzielle Nebenbedingungen in Investitionsmodellen bei Unsicherheit, Diss. Bonn 1969.

Bauer, Klaus-Peter und Horst Müller, Finanzierungstheorie I: Modelle, Modelle..., in: Der Volkswirt, Nr. 4 (1970), S. 27-29.

Baughn, William H. und Charls E. Walker (Hrsg.), The Bankers' Handbook, 2. Aufl., Homewood, Ill. 1968.

Baumann, Heinrich A., Factoring, Warenkreditversicherung, Zessionskredit - Eine vergleichende Darstellung, Diss. München 1966.

Beckmann, Theodore N. und Robert Bartels, Credits and Collections in Theory and Practice, 5. Aufl., New York - Toronto - London 1949.

Bender, Kurt, Die Kreditwürdigkeit - ein Beitrag aus der Sicht kreditsuchender Großunternehmen, in: Bank-Betrieb, 5. Jg. (1965), S. 251-257.

Beranek, William, Analysis for Financial Decisions, Homewood, Ill. 1963.

Bierfelder, Wilhelm H., Absatzfinanzierung und Kreditsicherung unter der Kontrolle erfahrungswissenschaftlicher und entscheidungstheoretischer Analyseverfahren, in: Jahrbuch der Absatz- und Verbrauchsforschung, 15. Jg. (1969), S. 1-22.

Bierman, Harold und Warren H. Hausman, The Credit Granting Decision, in: Management Science, Vol. 16 (1970), S. B-519-B-532.

Bierman, Manfred, Die Überschuldung als Voraussetzung zur Konkurseröffnung, Berlin 1963.

Boggess, William P., Screen-test your credit risks, in: Harvard Business Review, Vol. 45 (1967), S. 113-122.

Bräutigam, Jochen, Kostenfunktionen in Kreditinstituten, Wiesbaden 1972.

Bräutigam, J. und H. Küllmer, Die Anwendung statistischer Verfahren zur Objektivierung der Kreditwürdigkeitsprüfung, in: Betriebswirtschaftliche Blätter für die Praxis der Sparkassen und Girozentralen, 21. Jg. (1972), S. 6-10.

Brand, Rolf, Wesen und Eignung des Effektenlombards als eine Form passiven und aktiven Bankkredits, Berlin 1968.
Braun, Werner, Das Liquiditätsproblem der Kreditbanken, Stuttgart 1934.
Breuer, Wilhelm, Der Bankkredit als Instrument kurzfristiger Unternehmensfinanzierung, in: Janberg, Hans (Hrsg.), Finanzierungshandbuch, Wiesbaden 1964, S. 223-253.
Büchner, Klaus J., Möglichkeiten langfristiger Fremdfinanzierung für Klein- und Mittelbetriebe, in: Der langfristige Kredit, 16. Jg. (1965), S. 479-484, S. 503-506, S. 527-530.
Bühler, Wilhelm, Die Kreditdisposition der Banken, Wien - New York 1970.
Büschgen, Hans E., Entscheidungshilfen im Kreditgeschäft der Bank, in: Büschgen, H.E. (Hrsg.), Geld, Kapital und Kredit, Festschrift für Heinrich Rittershausen, Stuttgart 1968, S. 182-213.
Büschgen, Hans E., (1969) Die Fremdfinanzierung der Unternehmung als Strukturentscheidungsproblem der Geschäftsbank, in: Busse von Colbe, Walther und Sieben, Günther (Hrsg.), Betriebswirtschaftliche Information, Entscheidung und Kontrolle, Festschrift für Hans Münstermann, Wiesbaden 1969, S. 239-274.
Büschgen, Hans E., (1969/70) Wissenschaftliche Unternehmensführung und operations research im Bankbetrieb, in: Bank-Betrieb, 9. u. 10. Jg. (1969 u. 1970) I. Teil: 6/1969, S. 206-212, II. Teil: 10/1969, S. 351-358, III. Teil: 2/1970, S. 53-61, IV. Teil: 11/1970, S. 394-402.
Büschgen, Hans E., Das Universalbankensystem, Frankfurt 1971.
Bunselmeyer, Reinhard, Das Verhalten des Staates bei der Sanierung notleidender Unternehmungen der Privatwirtschaft, Diss. München 1969.
Caywood, Thomas E., Point Scoring for Credit Customers, in: Banking, Vol. 63, No. 4, Oct. 70, S. 42-43.
Chambers, D. und A. Charnes, Inter-Temporal Analysis and Optimization of Bank Portfolios, in: Management Science, Vol. 7 (1961), S. 393-410.
Chant, John F., Security, Default Allowances, and Risk Preference, in: The Quarterly Journal of Economics, Vol. 84 (1970), S. 688-695.
Charnes, A. und W.W. Cooper, Chance-Constrained Programming, in: Management Science, Vol. 6 (1966), S. 73-79.
Chase, Sam B., Credit Risk and Credit Rationing: Comment, in: Quarterly Journal of Economics, Vol. 75 (1961), S. 319-327.
Cohen, Kalman J. und Frederick S. Hammer, Linear Programming and optimal Bank Asset Management Decisions, in: The Journal of Finance, Vol. 22 (1967), S. 147-165.
Discussion: Weingartner, H. Martin, S. 166-168.
Cole, Robert H. und Robert S. Hancock, Consumer and Commercial Credit Management, Homewood, Ill. 1964.
Crone, Ronald, Die Preisverhandlungen im Kreditgeschäft, in: Österreichisches Bank-Archiv, 17. Jg. (1969), S. 270-283.
Cyert, R.M., H.J. Davidson und G.L. Thompson, Estimation of the Allowance for Doubtful Accounts by Marcov Chains, in: Management Science, Vol. 8 (1962), S. 287-303.
Cyert, R.M. und G.L. Thompson, Selecting a Portofolio of Credit Risks by Markov Chains, in: The Journal of Business, Vol. 41 (1968), S. 39-46
De Long, Fred G., Liquidity, Requirements and Employment of Funds, in: Cohen, Kalman J. und Hammer, Frederick S. (Hrsg.), Analytical Methods in Banking, Homewood, Ill. 1966, S. 39-45.
Deppe, Hans-Dieter, Zur Rentabilitäts- und Liquiditätsplanung von Kreditinstituten, in: Weltwirtschaftliches Archiv, Bd. 86 (1961), S. 303-351.
Deppe, Hans-Dieter, Über Ziele und Problemstellungen theoretisch-deduktiver Analysen einzelner Kreditinstitute, in: ZfbF, 18. Jg. (1966), S. 616-648.
Deppe, Hans-Dieter, Bankbetriebliches Wachstum, Funktionalzusammenhänge und Operations Research in Kreditinstituten, Stuttgart 1969.

Deuble, R.W., Kontokorrentkredite, in: Die Deutsche Bankwirtschaft, Kunze, Schippel, Schoele, Löffelholz (Hrsg.), III. Bd., Berlin 1935/38, S. 113-136.
Deutsch, Paul, Grundfragen der Finanzierung im Rahmen der betrieblichen Finanzwirtschaft, 2. Aufl., Wiesbaden 1967.
Drüke, Helmut, Branchenbeobachtung im Kreditgeschäft, in: Sparkasse, 83. Jg. (1966), S. 196-198.
Dürer, Peter, Die Universalbanken im westdeutschen Kreditgewerbe, in: Österreichisches Bank-Archiv, 19. Jg. (1971), S. 12-19.
Edgeworth, F.Y., The Mathematical Theory of Banking, in: Journal of the Royal Statistical Society, Vol. 51 (1888), S. 113 ff.
Edwards, W., H. Lindman und L.D. Phillips, Emerging technologies for making decisions, in: New Directions in Psychology II, New York 1965, S. 259-325.
Eisele, Dieter, Preisstellungsformen der Kreditinstitute, Diss. Berlin 1971.
Elle, Horst, Die rechtliche Sicherung der Ansprüche aus Industrieobligationen, Diss. Berlin 1965.
Engelken, Hans-Gerhard, Investitionskredite für den gewerblichen Mittelstand, II. Teil: Die bankbetrieblichen Aspekte, in: Bank-Betrieb, 6. Jg. (1966), S. 15-20.
Engelken, Hans-Gerhard, Neuere Tendenzen auf dem Gebiet des Investitionskredites, in: Bank-Betrieb, 10. Jg. (1970), S. 46-51.
Engels, Wolfram, Betriebswirtschaftliche Bewertungslehre im Lichte der Entscheidungstheorie, Köln und Opladen 1962.
Engels, Wolfram, Rentabilität, Risiko und Reichtum, Tübingen 1969.
Erlenbach, Erich, Hypotheken von der Großbank, in: Frankfurter Allgemeine Zeitung vom 2.10.1968, Nr. 229.
Erwe, Friedhelm, Differential- und Integralrechnung, 2. Bd., Integralrechnung, Mannheim - Wien - Zürich 1969.
Falter, Manuel, Die Praxis des Kreditgeschäfts bei Sparkassen und anderen Kreditinstituten, 7. Aufl., Stuttgart 1971.
Ferber, Manfred, Pensionsgeschäfte der Kreditinstitute, Frankfurt 1969.
Fidrich, Karlhein, Kreditanträge und Kreditwürdigkeitsgutachten für Klein- und Mittelbetriebe, Wiesbaden 1957.
Fink, Fritz, Dynamische Kreditbegebung, Ein Beitrag zur Lösung des Kreditproblems des mittleren und kleinen Industriebetriebes, Diss. München 1956.
Fischer, Otfrid, Bankbilanz-Analyse, Meisenheim/Glan 1956.
Fischer, Otfrid, Neuere Entwicklungen auf dem Gebiet der Kapitaltheorie, in: ZfbF, 21. Jg. (1969), S. 26-42.
Fischer, Otto Chr., Krediterschleichung als Gefährdung der Volkswirtschaft, in: Bank-Archiv, 29. Jg. (1929), S. 55-59.
Freimer, Marshall und Myron J. Gordon, Why Bankers Ration Credit, in: Quarterly Journal of Economics, Vol. 79 (1965), S. 397-416.
Gloth, Hans, Fortfaitierung von Exportforderungen, in: Der langfristige Kredit, 20. Jg. (1969), S. 347-350.
Goertz, W., Die Liquiditätsprobleme der Kreditbanken, Würzburg 1938.
Greifzu, Julius (Hrsg.), Der praktische Fall - Das gesamte Rechnungswesen in Aufgaben und Lösungen, 6. Aufl., Gütersloh 1969.
Günther, Hans, Beleihungsgrenze und Bilanzrelationen, in: ZfgK, 13. Jg. (1960), S. 1076-1078.
Gurley, John G. und Edward S. Shaw, Money in a Theory of Finance, 3. Aufl., Washington 1964.
Gutenberg, Erich, Zum Problem des optimalen Verschuldungsgrades, in: ZfB, 36. Jg. (1966), S. 681-703.
Gutenberg, Erich, Grundlagen der Betriebswirtschaftslehre, Dritter Band: Die Finanzen, Berlin - Heidelberg - New York 1969.

Hagenmüller, Karl Fr., Bankbetrieb und Bankpolitik, Wiesbaden 1959.
Hagenmüller, Karl Fr., Leasing als Bereicherung der Banken-Angebotspalette, in: ZfgK, 22. Jg. (1969), S. 254-258.
Hahn, Oswald, Das absatzpolitische Instrumentarium der Depositenbank, in: Österreichisches Bank-Archiv, 14. Jg. (1966), S. 326-344.
Hahn, Oswald, Das Handikap der Kleinen, in: Der Volkswirt, Nr. 11 (1968), S. 23-26.
Halem, Carl Otto von, Kreditversicherung, Wiesbaden 1964.
Hart, Albert G., Money, Debt and Economic Activity, New York 1949.
Hartmann, Bernhard, Bankbetriebsanalyse, Freiburg 1962.
Hartmann, Bernhard, Kreditprüfung und Kreditüberwachung, Stuttgart 1965.
Hauck, Michael, Hausbank und Kundenbilanz - Überlegungen eines Privatbankiers - Veröffentlichungen des Instituts für Geld-, Bank- und Börsenwesen der Universität des Saarlandes, Saarbrücken 1966.
Hauschildt, Jürgen, Das Planungsvermögen des Kreditnehmers - ein "neuer Typ" von Sicherheiten im Kreditgeschäft, in: Blätter für Genossenschaftswesen, 118. Jg. (1972), S. 225-227.
Havermann, Hans, Finanzwirtschaftliche Aspekte des Leasing, in: Forster, Schuhmacher (Hrsg.), Aktuelle Fragen der Unternehmensfinanzierung und Unternehmensbewertung, Kurt Schmaltz zum 70. Geburtstag, Stuttgart 1970, S. 70-107.
Haydon, Randall B. und John H. Wicks, A Model of Commercial Bank Earnings Assets Selection, in: Journal of Financial and Quantitative Analysis, June 1966, S. 99-113.
Heigl, Anton, Die direkte Prüfung der persönlichen Kreditwürdigkeit, in: Linhardt, Penzkofer, Scherpf (Hrsg.), Dienstleistungen in Theorie und Praxis, Otto Hintner zum 70. Geburtstag, Stuttgart 1970, S. 60-80.
Heigl, Georg, Konkurrenz zwischen Globalzession und verlängertem Eigentumsvorbehalt, in: Der langfristige Kredit, 20. Jg. (1969), S. 109-110.
Heinen, Edmund (Hrsg.), Industriebetriebslehre, Wiesbaden 1972.
Heitz, Bernhard, Kreditprüfung und Kreditsicherung, Wegweiser für Prüfungen im Betrieb, Herne - Berlin 1968.
Hellner, Thorwald, Kollision zwischen Globalzession und verlängertem Eigentumsvorbehalt - Ein Lösungsvorschlag, in: Bank-Betrieb, 9. Jg. (1969), S. 50-56.
Hendrikson, Kurt H., Die Technik der Kreditwürdigkeitsprüfung, Wiesbaden 1956.
Herget, Rudolf, Die Globalzession als Kreditsicherungsmittel, in: Bank-Betrieb, 6. Jg. (1966), S. 282-290.
Herget, Rudolf, Sicherungsübereignung als Mittel der Kreditsicherung, in: Bank-Betrieb, 8. Jg. (1968), S. 155-163.
Herold, Hermann, Das Kreditgeschäft der Banken, 15. Aufl., Hamburg 1964.
Hiebler, Franz, Die Praxis der Kreditgewährung, 3. Aufl., Wiesbaden 1972.
Hintner, Otto, Die Kreditwürdigkeit der Unternehmung, in: Der österreichische Betriebswirt, 4. Jg. (1954), S. 72-87.
Hintner, Otto, Kreditwürdigkeitsprüfung, Stichwort in: Handwörterbuch der Betriebswirtschaft, Bd. III, Stuttgart 1960, Sp. 3591-3597.
Hodgman, Donald R., Credit Risk and Credit Rationing, in: Quarterly Journal of Economics, Vol. 74 (1960), S. 258-278.
Hodgman, Donald R., Credit Risk and Credit Rationing, Reply, in: Quarterly Journal of Economics, Vol. 75 (1961), S. 327-329.
Hodgman, Donald R., Credit Risk and Credit Rationing, Reply, in: Quarterly Journal of Economics, Vol. 76 (1962), S. 488-493.
Hoff, Ulrich, Geschäftspolitische, bilanzielle und steuerliche Probleme des Gemeinschaftskredits, in: Bankbetriebliche Informationen, 9. Jg. (1971), S. 181-185.
Hoffmann, Horst, Dispositionsregeln zur Solvenzsicherung von Depositenbanken, Diss. Saarbrücken 1967.

Hohlfeld, Hans H., Die Systematik des Kreditmarkts, in: ZfhF, 7. Jg. (1955), S. 22-36.
Holzheu, Franz, Vermögensdispositionen, Kreditmärkte und internationale Kreditbeziehungen, Tübingen 1971.
Horne, James C. van, Financial Management and Policy, 2. Aufl., Englewood Cliffs, n.J. 1971.
Hübner, Otto, Die Banken, Leipzig 1854.
Ihde, Gösta-B., Kreditwürdigkeitsprüfungen in der Rezession, in: Zeitschrift für das gesamte Rechnungswesen, 13. Jg. (1967), S. 201-203.
Institut für Mittelstandsforschung, Probleme der Kreditfinanzierung bei Klein- und Mittelbetrieben, Köln und Opladen 1964.
Jährig, Alfred, Handbuch des Kreditgeschäfts, Wiesbaden 1973.
Jaffee, Dwight M., Credit Rationing and the Commercial Loan Market, An Econometric Study of the Structure of the Commercial Loan Market, New York - London - Sydney - Toronto 1971.
Jarchow, Hans-Joachim, Der Bankkredit in einer Theorie der "Portfolio Selection", in: Weltwirtschaftliches Archiv, Bd. 104 (1970 I), S. 189-210.
Jonas, Heinrich H., Grenzen der Kreditfinanzierung, Wiesbaden 1960.
Kalveram, Wilhelm und Hans Günther, Bankbetriebslehre, 3. Aufl., Wiesbaden 1961.
Kaminsky, Stefan, Mietweise Nutzungsüberlassung in der modernen Wirtschaft, in: Hagenmüller, K.F. (Hrsg.), Leasing-Handbuch, 2. Aufl., Frankfurt 1968, S. 63-90.
Kamps, Burkhard, Kreditsicherung durch Grundpfandrechte, in: Der langfristige Kredit, 19. Jg. (1968), S. 68.
Karpinski, Martin, Die Liquiditätsfrage mit besonderer Berücksichtigung ihres Verhältnisses zur Rentabilitätsfrage und deren Bewertungsnotwendigkeit, Diss. Frankfurt 1914.
Kemeny, John G., Arthur Schleifer, J. Laurie Snell und Gerald L. Thompson, Mathematik für die Wirtschaftspraxis, 2. Aufl., Berlin - New York 1972.
Kent, Raymond P., Money and Banking, 2. Aufl., New York - Toronto 1951.
Kirsch, Werner, Entscheidungsprozesse, 1. Bd.: Verhaltenswissenschaftliche Ansätze der Entscheidungstheorie, Wiesbaden 1970.
Kluge, Friedrich, Führen, Delegation und Information im Bankbetrieb, Wiesbaden 1971.
Knigge, Jürgen, Richtige Finanzierung - sichere Marktchancen, Absatzstrategie in der Konzeption der Freiwilligen Gruppen, Frankfurt 1970.
Knorr, E., Allgemeine steuerliche Fragen aus dem Konkurs- und Vergleichsrecht, in: Deutsche Gesellschaft für Betriebswirtschaft (Hrsg.), Steigerung der Wettbewerbsfähigkeit, Berlin 1962, S. 81-95.
Kötter, Hans-Wilhelm, Die Tauglichkeit der Vorausabtretung als Sicherungsmittel des Geld- und Warenkredits, Frankfurt 1960.
Kolbeck, Rosemarie, Bankbetriebliche Planung, Planungsmöglichkeiten bei Kreditbanken, Sparkassen und Kreditgenossenschaften, Wiesbaden 1971.
Kossbiel, Hugo, Die Umsatzeinnahmen als Gegenstand der unternehmerischen Liquiditätsplanung und Liquiditätspolitik, Berlin 1968.
Kramer, Giselbert, Entscheidungsproblem, Entscheidungskriterien bei völliger Ungewißheit und Chernoffsches Axiomensystem, in: Metrika, Vol. 11 (1966), S. 15-38.
Krasensky, Hans, Kreditschutz im Privatkundengeschäft, in: Österreichisches Bank-Archiv, 13. Jg. (1965), S. 246-255.
Krauß, Karl-Hermann, Die Kreditversicherung aus der Sicht der Kreditinstitute, Diss. Hamburg 1970.
Krauß, Karl-Hermann, Die Bedeutung der Kreditversicherung im Kreditgeschäft der Banken, in: Bank-Betrieb, 11. Jg. (1971), Teil I., 3/1971, S. 91-93, Teil II., 9/1971, S. 322-328, Teil III., 11/1971, S. 402-407.
Krelle, Wilhelm, Präferenz- und Entscheidungstheorie, Tübingen 1968.

Kremer, E., Kreditprüfung unter veränderten Aspekten, in: Betriebswirtschaftliche Blätter für die Praxis der Sparkassen und Girozentralen, 15. Jg. (1966), S. 165-166.
Krümmel, Hans-Jacob, Zur Bewertung im Kreditstatus, in: ZfbF, 14. Jg. (1962), S. 137-151.
Krümmel, Hans-Jacob, Bankzinsen, Untersuchungen über die Preispolitik von Universalbanken, Köln - Berlin - Bonn - München 1964.
Krümmel, Hans-Jacob, Finanzierungsrisiken und Kreditspielraum, in: ZfB, 36. Jg. (1966);.E., S. 134-157.
Krümmel, Hans-Jacob, Preisuntergrenzen - ein Wettbewerbsargument? in: ZfgK, 20. Jg. (1967), S. 14-15.
Krümmel, Hans-Jacob, Liquiditätssicherung im Bankwesen, Teil I: Gewerbepolizeiliche Liquiditätssicherung im Bankwesen, in: Kredit und Kapital, 1. Jg. (1968), S. 247-307, Teil II: Liquiditätssicherung als Teil der Unternehmenspolitik der Banken, in: Kredit und Kapital, 2. Jg. (1969), S. 60-110.
Krümmel, Hans-Jacob, Der Zins in der modernen Wirtschaft, in: Der langfristige Kredit, 23. Jg. (1972), S. 3-13.
Kruse, Alfred, Der Mittelstandskredit, Jena 1941.
Kümpel, Siegfried, Die Bevorschussung von Inkassodokumenten - Das Risiko der Kreditinstitute, Frankfurt 1968.
Küng, Emil, Mittel- und langfristige Investitionsfinanzierung, in: ZfgK, 9. Jg. (1956), S. 56-58.
Kunte, Werner, Neue Möglichkeiten der Exportfinanzierung: "Factoring", in: Bankbetriebliche Informationen, 7. Jg. (1969), S. 55-58.
Kupsch, Peter Uwe, Risiko und Entscheidung, Ein Beitrag zur Fundierung betriebswirtschaftlicher Grundmodelle unter dem Aspekt des Risikoverhaltens, Diss. München 1971.
Langen, Heinz, Die Prognose von Zahlungseingängen, in: ZfB, 34. Jg. (1964), S. 289-326.
Leitner, Friedrich, Die Unternehmensrisiken, Berlin 1915.
Lemke, Karl Heinz, Der Personalkredit an Großhandel und Industrie und seine Vermittlung durch die Banken, Berlin - Leipzig 1922.
Lindley, Dennis V., Making Decisions, London - New York - Sydney - Toronto 1971.
Maner, Heinz-Theodor, Löschungsvormerkung, Versicherungsanspruch und Parallelkredit, in: ZfgK, 24. Jg. (1971), S. 217-220.
Lipfert, Helmut, System einer theoretischen Bankbetriebspolitik, in: ZfgK, 16. Jg. (1963), S. 374-376.
Lipfert, Helmut, Deckungsbeitragsmaximierung bei liberalisiertem Einlagen- und Kreditmarkt, in: Kredit und Kapital, 1. Jg. (1968), S. 7-75.
Lisowsky, Arthur, Risiko-Gliederung und Risiko-Politik, Teil B. System der Risikopolitik, in: Die Unternehmung, 2. Jg. (1948), S. 13-20.
Lohmann, Karl, Nichtlineare Modelle zur finanziellen Leistungsprogrammplanung von Kreditinstituten, Diss. Göttingen 1970.
Loos, Norbert, Die Marktpolitik der Kreditinstitute, Stuttgart 1969.
Luce, R. Duncan und Howard Raiffa, Games and Decisions, Introduction and critical Survey, New York 1957.
Lwowski, Jürgen, Kreditsicherheiten, Berlin 1972.
Markowitz, Harry M., Portfolio Selection, Efficient Diversification of Investments, New York - London - Sydney 1959.
Martens, Klaus-Peter, Die Bürgschaft im Wechselrecht und in der Konkurrenz mit anderen Sicherungsrechten, in: Der Betriebs-Berater, 26. Jg. (1971), S. 765-770.
Martin, Friedrich, Die Prüfung der Kreditwürdigkeit bei Anträgen zur Gewährung von Mittel- und Kleinkrediten, Diss. Bonn 1956.
Martin, Fritz J., Das privatwirtschaftliche Unternehmenswagnis, Dresden 1941.

Mathias, Helmut, Die Problematik der Kreditstreuung im Lichte der Risiko-, Liquiditäts- und Ertragspolitik der Geschäftsbanken, in: Österreichisches Bank-Archiv, 13. Jg. (1965), S. 310-320.
May, Karl, Die Mittel des Bankkredit-Schutzes, Diss. Köln 1931.
Mayer, Gabriel, Besonderheiten bei der Beurteilung der Kreditwürdigkeit hinsichtlich verschiedener Kreditarten, Diss. München 1964.
Meckes, Werner, Die Analyse von Kreditnehmerbilanzen, in: Bankbetriebliche Informationen, 10. Jg. (1972), S. 135-140.
Mehta, Dileep, The Formulation of Credit Policy Models, in: Management Science, Vol. 15 (1968), S. B-30-B-50.
Mehta, Dileep, Optimal Credit Policy Selection. A Dynamic Approach, in: Journal of Financial and Quantitative Analysis, Vol. V. (1970), S. 421-444.
Meißner, F., Zessionskredite, in: Die Unternehmung, 20. Jg. (1966), S. 81-94.
Mellerowicz, K. und H. Jonas, Bestimmungsfaktoren der Kreditfähigkeit, 2. Aufl., Berlin 1957.
Melsheimer, Klaus, Sicherungsübereignung oder Registerpfandrecht, Eine politologische Studie über den Kampf von Interessengruppen um die Reform des Kreditsicherungsrechts, Köln und Opladen 1967.
Menges, Günter, Grundriß der Statistik, Teil 1: Theorie, Köln und Opladen 1968.
Menges, Günter, Grundmodelle wirtschaftlicher Entscheidungen, Köln und Opladen 1969.
Michaelis, Kurt, Beleihungsgrundsätze für Sparkassen, 6. Aufl., Stuttgart 1971.
Miller, Merton H., Credit Risk and Credit Rationing: Further Comment, in: Quarterly Journal of Economics, Vol. 76 (1962), S. 480-488.
Milnor, J., Spiele gegen die Natur, in: Shubik, M. (Hrsg.), Spieltheorie und Sozialwissenschaften, Hamburg 1965, S. 129-139.
Mohrbutter, Jürgen und Heino Haarmann, Leitfaden für Vergleichs- und Konkursverwalter, 2. Aufl., Köln - Berlin - Bonn - München 1969.
Moll, Bernhard H., Kreditgarantiegemeinschaften mit Solidarhaftung der Bürgschaftsnehmer, Berlin 1968.
Morris, Robert A., Credit Analysis: An O.R. Approach, in: Jessup, Paul F. (Hrsg.), Innovations in Bank Management, Selected Readings, New York 1969, S. 300-310.
Mülhaupt, Ludwig, Umsatz-, Kosten- und Gewinnplanung einer Kreditbank, Ansatzpunkte einer theoretischen Bankbetriebslehre, in: ZfhF, 8. Jg. (1956), S. 7-74.
Mülhaupt, Ludwig und Hermann Küllmer, Probleme der Entscheidungsfindung im Bankbetrieb, in: Kredit und Kapital, 4. Jg. (1971), S. 171-194.
Münker, Dieter, Das langfristige Kreditgeschäft der Großbanken, Analyse eines Grundproblems in der deutschen Kreditwirtschaft, Stuttgart 1967.
Münker, Dieter, Das Kreditvermittlungsgeschäft als Komponente einer universalbanktypischen Marketingkonzeption, in: Linhardt, Penzkofer, Scherpf (Hrsg.), Dienstleistungen in Theorie und Praxis, Otto Hintner zum 70. Geburtstag, Stuttgart 1970, S. 103-115.
Myers, James H., The development of numerical credit evaluation Systems, in: Cohen, Kalman J. und Hammer, Frederick S., Analytical Methods in Banking, Homewood, III, 1966, S. 119-127.
Näslund, Bertil, A Model of Capital Budgeting under Risk, in: The Journal of Business, Vol. 39 (1966), S. 257-271.
Neuberger, Oswald, Psychologische Aspekte der Entscheidung, Eine kritische Analyse vorliegender Ansätze, Diss. München 1970.
Neumeyer, Ludwig, Zum Problem der Ermittlung von Liquidationsspektren und ihrer Stabilität im Zeitablauf, Diss. Mannheim 1966.
Obermüller, Walter, Poolung von Kreditsicherheiten, in: Bank-Betrieb, 10. Jg. (1970), S. 456-458.

Oberparleiter, Karl, Funktionen und Risiken des Warenhandels, 2. Aufl., Wien 1955.
Obst/Hintner, Geld-, Bank- und Börsenwesen, Ein Handbuch, 36. Aufl., Otto Hintner (Hrsg.), Stuttgart 1967.
Orthmann, Gerd, Das Kreditvermittlungsgeschäft der Universalbanken, Diss. München 1969.
o.V., Pensionsgeschäfte der Kreditinstitute, in: Monatsberichte der Deutschen Bundesbank, Nov. 1965, S. 3-14.
o.V., Zessionsverbot und Mittelstandspolitik, in: ZfgK, 18. Jg. (1965), S. 167.
o.V., Wertpapierpensionsgeschäfte und Rentenmarkt, in: Monatsberichte der Deutschen Bundesbank, Juli 1967, S. 7-12.
o.V. (Mzg.), Ulrich betont stete Kreditbereitschaft, in: Handelsblatt Nr. 240, (15.12.1970), S. 21.
o.V., Finanzierungstheorie II: Kein Optimum bei Zielkonflikten, in: Wirtschaftswoche, Nr. 33 (1971), S. 23-26.
o.V., Die Großbanken 1970, in: ZfgK, 24. Jg. (1971), S. 413-417.
o.V., Letzte Adressen, in: Der Spiegel, 27. Jg. (1973), Nr. 10 (5. März), S. 46-49.
Paal, Eberhard, Entwicklungen und Entwicklungstendenzen in der Kreditsicherung, Wiesbaden 1973.
Philipp, Fritz, Risiko und Risikopolitik, Stuttgart 1967.
Porter, Richard C., A Model of Bank Portfolio Selection, in: Yale Economic Essays, Vol. 1 (1961), No. 2, S. 323-359.
Preiser, Erich, Der Kapitalbegriff und die neuere Theorie, in: Die Unternehmung im Markt, Festschrift für Wilhelm Rieger, Stuttgart und Köln 1953, S. 14-38.
Priewasser, Erich, Gedanken zu einem Marktforschungskonzept für Kreditinstitute, in: Österreichische Bankwissenschaftliche Gesellschaft (Hrsg.), Das Kreditwesen in Österreich, Festschrift für Hans Krasensky, Wien 1968, S. 61-82.
Raettig, Lutz, Eigenkapital und Kreditwürdigkeit, in: Wirtschaftswoche Nr. 3 (1972), S. 29-34.
Raida, Helmut, Einkommensorientierte Beleihungsgrenzen, in: ZfgK, 18. Jg. (1965), S. 1077-1080.
Raiffa, Howard, Decision Analysis, Introductory Lectures on Choices under Uncertainty, Menlo Park, London, Don Mills 1968.
Rink, Erich, Liquidität und Risiko, Eine betriebswirtschaftliche Studie, Diss. Wien 1934.
Ryder, Harl E., Credit Risk and Credit Rationing, Comment, in: Quarterly Journal of Economics, Vol. 76 (1962), S. 471-479.
Robicheck, Alexander A. und Stewart C. Myers, Optimal Financing Decisions, Prentice-Hall Foundations of Finance Series, Englewood Cliffs 1965.
Robinson, Roland I., The Management of Bank Funds, 2. Aufl., New York - San Francisco - Toronto - London 1962.
Rüchardt, Konrad, Wachsende Bedeutung des persönlichen Schuldners im Realkredit, in: Der langfristige Kredit, 19. Jg. (1968), S. 491-499.
Sandig, Curt, Finanzen und Finanzierung der Unternehmung, Stuttgart 1968.
Seibel, Johannes J., Finanz-Management, Planung, Beschaffung, Sicherung, München 1970.
Sellien, Helmut, Das Finanzierungsproblem, Analyse der Finanzierungsmittel auf Grund der Bilanz, Wiesbaden 1935.
Sellien, Helmut, Finanzierung und Finanzplanung, 2. Aufl., Wiesbaden 1964.
Serick, Rolf, Eigentumsvorbehalt und Sicherungsübereignung, Band I: Der einfache Eigentumsvorbehalt, Heidelberg 1963, Band II, 1. Teil: Die einfache Sicherungsübereignung, Heidelberg 1965.
Siebel, Hans D., Die Bankbetriebslehre in den Vereinigten Staaten von Amerika, Diss. Marburg 1968.

Siedschlag, Wolfgang, Ansatzpunkte zu einer Reform des Insolvenzrechts (Konkurs und Vergleich) anhand neuerer Erfahrungen, Diss. Freiburg 1971.

Smith, Paul F., Measuring Risk on Instalment Credit, in: Cohen, Kalman J. und Hammer, Frederick S., Analytical Methods in Banking, Homewood Ill. 1966, S. 136-151.

Süchting, Joachim, Kalkulation und Preisbildung der Kreditinstitute, Frankfurt 1963.

Süchting, Joachim, Die amerikanische Bankanleihe - ein Vorbild für deutsche Kreditinstitute? in: Bank-Betrieb, 5. Jg. (1965), S. 67-70.

Süchting, Joachim, Entwicklung und Probleme des längerfristigen Bankkredits in den USA, in: Bank-Betrieb, Nr. 4 (1966), S. 96-101.

Süchting, Joachim, Zur Kontroverse um die Bankkalkulation, in: ZfgK, 20. Jg. (1967), S. 15-20.

Süchting, Joachim, Zur Problematik von Kapitalkosten - Funktionen in Finanzierungsmodellen, in: ZfB, 40. Jg. (1970), S. 329-348.

Swoboda, Peter, Investition und Finanzierung, Göttingen 1971.

Schaarschmidt, Wilhelm, Die Sparkassenkredite; Die rechtlichen Grundlagen des Kredits, seiner Sicherung und Einziehung, Stuttgart 1960.

Scheidl, Karl, Zum Problem bankbetrieblicher Dispositionsregeln, in: Linhardt, Penzkofer, Scherpf (Hrsg.), Dienstleistungen in Theorie und Praxis, Otto Hintner zum 70. Geburtstag, Stuttgart 1970, S. 161-179.

Schemmann, Gert, Zielorientierte Unternehmensfinanzierung, Finanzierungsentscheidungen im Hinblick auf die Zielsetzungen der Kapitalgeber, Köln und Opladen 1970.

Schlüter, Joachim R., Studien zum Problem der bankbetrieblichen Sicherheit, Diss. Göttingen 1970.

Schmalenbach, Eugen, Die Finanzierung der Betriebe, Bd. 1: Kapital, Kredit und Zins in betriebswirtschaftlicher Beleuchtung, 2. Aufl., Köln und Opladen 1949.

Schmidt, Rudolf, Der Kreditspielraum der Unternehmung, Diss. Köln 1968.

Schmidt-Wilke, Hans-Jürgen, Risikoproblematik und Risikopolitik im internationalen Bankgeschäft, Frankfurt 1970.

Schmitt, Robert Maria, Der Factor und die Geschäftsbanken, in: ZfgK, 21. Jg. (1968), S. 914-916.

Schneeweiß, Hans, Das Grundmodell der Entscheidungstheorie, Statistische Hefte, 7. Jg. (1966), S. 125-137.

Schneeweiß, Hans, Entscheidungskriterien bei Risiko, Berlin - Heidelberg - New York 1967.

Schneider, Dieter, Investition und Finanzierung, Köln und Opladen 1970.

Schneider, Günter, Zur Planung von Bankportefeuilleentscheidungen, Frankfurt 1970.

Schönle, Herbert, Bank- und Börsenrecht, München 1971.

Scholz, Hellmut, Das Recht der Kreditsicherung, 3. Aufl., Berlin 1965.

Scholz, Hellmut, Rechtsprobleme bei der Auseinandersetzung zwischen den Gläubigern und der Bank eines insolventen Schuldners, in: Bank-Betrieb, 7. Jg. (1967), Nr. 3, S. 83-90 und Nr. 4, S. 115-121.

Schütz, Wilhelm, Bankgeschäftliches Formularbuch, 18. Ausgabe, Köln 1969.

Schultz, Reinhard, Die Bedeutung der Unternehmungsform für die Kreditwürdigkeit, Diss. Berlin 1966.

Schuster, Leo, Pensionsgeschäfte als Finanzierungs- und Liquidationsalternative, in: Hahn, Oswald (Hrsg.), Handbuch der Unternehmensfinanzierung, München 1971.

Schwartz, Eli, Theory of the Capital Structure of the Firm, in: The Journal of Finance, Vol. 14 (1959), S. 18-39.

Schweim, Joachim, Integrierte Unternehmensplanung, Bielefeld 1969.

Staehle, Walter, Die Schuldscheindarlehen, Wiesbaden 1965.

Stannigel, Hellmut, Kreditrevision bei Banken und Sparkassen, Frankfurt 1969.

Steffan, Franz, Industriefinanzierung im Realkredit, in: Deutsche Gesellschaft für Betriebswirtschaft (Hrsg.), Planmäßige Finanzierung der Unternehmung, Berlin 1964, S. 43-61.
Steinrücke, Bernhard, Das Konsortialgeschäft der deutschen Banken, neubearbeitet von Herbert Scholze, Berlin 1956.
Stier, Axel, Die Sicherung von Industrieanleihen, Frankfurt 1970.
Störrle, Winfried, Eigen- und Fremdfinanzierung unter Berücksichtigung von Mischformen, in: Hahn, Oswald (Hrsg.), Handbuch der Unternehmensfinanzierung, München 1971, S. 378-415.
Stößel, Reinhold, Arten und Formen des Wettbewerbs im Kreditgeschäft der Depositenbank in der Bundesrepublik Deutschland, Diss. Würzburg 1958.
Stucken, Rudolf, Besonderheiten der Geld- und Kreditpolitik in Westdeutschland und ihre konjunkturpolitische Bedeutung, Sonderheft des Ifo-Instituts für Wirtschaftsforschung, Nr. 16, Berlin - München 1954.
Stützel, Wolfgang, (1962/64) Banken, Kapital und Kredit in der zweiten Hälfte des zwanzigsten Jahrhunderts, in: Strukturwandlungen einer wachsenden Wirtschaft, 2. Bd. der Verhandlungen auf der Tagung des Vereins für Sozialpolitik in Lucern 1962, Berlin 1964, S. 527-575.
Stützel, Wolfgang, Entscheidungstheoretische Elementkategorien als Grundlage einer Begegnung von Wirtschaftswissenschaft und Rechtswissenschaft, in: Schriften des Vereins für Sozialpolitik, Das Verhältnis der Wirtschaftswissenschaften zur Rechtswissenschaft, Soziologie und Statistik, Bd. 33, Berlin 1964, S. 27-50.
Stützel, Wolfgang, Die Relativität der Risikobeurteilung von Vermögensbeständen, in: Hax, Herbert (Hrsg.), Entscheidung bei unsicheren Erwartungen, Köln und Opladen 1970, S. 9-26.
Täube, Klaus, Die Einbeziehung der unternehmerischen Investitionsrechnung in die Kreditwürdigkeitsprüfung bei Investitionskrediten, Diss. München 1970.
Theisinger, Karl, Das Kreditgeschäft und die Kreditpolitik, in: Kunze, Schippel, Schoele, Löffelholz (Hrsg.), Die Deutsche Bankwirtschaft, III. Band, Berlin 1935-1938, S. 1-53.
Theisinger, Karl, Kreditgeschäft und Kreditpolitik, in: Theisinger, Löffelholz (Hrsg.), Die Bank, 2. Band, Die Bankgeschäfte, Wiesbaden 1952, S. 3-72.
Tietze, Werner, Marketing im Kreditgewerbe, in: Österreichisches Bank-Archiv, 17. Jg. (1969), S. 81-102.
Ungerer, Martin, Der Personalkredit, Erscheinungsformen und wirtschaftliche Bedeutung, Wiesbaden 1959.
Unterreiner, Martin, Die Sicherungsübereignung von Warenlagern mit wechselndem Bestand als Instrument der Bankkreditsicherung, Diss. München 1960.
Vormbaum, Herbert, Finanzierung der Betriebe, 2. Aufl., Wiesbaden 1971.
Wächtershäuser, Manfred, Kreditrisiko und Kreditentscheidung im Bankbetrieb, Zur Ökonomisierung des Kreditentscheidungsprozesses im Bankbetrieb, Wiesbaden 1971.
Waldmann, Jürgen, Optimale Unternehmensfinanzierung, Modelle zur integrierten Planung des Finanzierungs- und Leistungsbereichs, Wiesbaden 1972.
Weber, Hans, Pensionsgeschäfte, in: Sparkasse, 82. Jg. (1965), S. 264-265.
Weber, Hans, Das Spezialitätenprinzip im Kreditgewerbe, in: Der langfristige Kredit, 19. Jg. (1968), S. 563-565.
Wefers, Dieter, Die Methoden zur Gewährung von Investitionskrediten durch die öffentliche Hand, Diss. Köln 1960.
Weibel, Peter, Probleme der Bonitätsbeurteilung von Unternehmungen aus der Sicht der Banken, in: Die Unternehmung, 24. Jg. (1970), S. 269-290.
Weimar, Wilhelm, Die Sicherung von Krediten, 2. Aufl., Köln 1972.

Weingartner, H. Martin, Concepts and Utilization of Credit-Scoring Techniques, in: Jessup, Paul F. (Hrsg.), Innovations in Bank Management, Selected Readings, New York 1969, S. 311-315.
Wildhagen, Jürgen, Zinserwartungen und Anleihekonditionen, Diss. Saarbrücken 1967.
Witteler, Burkhard, Die Beurteilungskriterien im Kreditwürdigkeitsgutachten - Ermittlung und Aussagefühigkeit, Diss. Frankfurt 1962.
Wittgen, Robert, Moderner Kreditverkehr, München 1970.

Anmerkungen

( 1) vgl. Obst/Hintner (1967), S. 248; zum Begriff der Universalbanken Dürer, P. (1971), S. 12 ff., Büschgen, H.E. (1971), S. 1 ff.;

( 2) vgl. Krümmel, H.J. (1964), S. 12 ff., vgl. auch die Enumeration der Bankgeschäfte in § 1 KWG;

( 3) Kreditbanken, von den überwiegenden Refinanzierungsgeschäften auch Depositenbanken genannt, nehmen als Realtypen im Passivgeschäft in größerem Umfang Einlagen entgegen, die de jure nicht zweckbestimmt sind, und befassen sich im Aktivgeschäft insbesondere mit der kurz- und mittelfristigen Kreditgewährung, vgl. Hahn, O. (1966), S. 326;

( 4) Lemke, K.H. (1922), S. 83, ohne Hervorhebungen zitiert;

( 5) Orthmann, G. (1969), S. 28; vgl. auch Münker, D. (1967), S. 204;

( 6) Wefers, D. (1960), S. 139; die Bank vermittelt hier in der Regel zwischen dem Kreditnehmer und einem Spezialkreditinstitut, z.B. der Kreditanstalt für Wiederaufbau KfW oder der Lastenausgleichsbank LAB;

( 7) Kredittransformation heißt: Hereinnahme eines Kredittitels (Debitors) gegen Emission eines eigenen Titels (Einlage), der sich zumindest in einem Merkmal von ersterem unterscheidet, vgl. Holzheu, F. (1971), S. 2, Anm. 3;

( 8) Schmalenbach, E. (1949), S. 109 f., 138 ff.; vgl. zur Fristentransformation auch Stützel, W. (1964), S. 20 ff. und Hoffmann, H. (1967), S. 6 ff.; vgl. auch die als 'Spaltung des Kreditmarktes bezeichnete Divergenz der Fristen von Angebot und Nachfrage am Kreditmarkt bei Stucken, R. (1954), S. 7 ff. und die Divergenzen der formellen und materiellen Fristen im Aktiv- und Passivgeschäft der Banken bei Hohlfeld, H.H. (1955), S. 22 ff.;

( 9) vgl. Arnold, H. (1964), insbes. S. 97 ff.;

( 10) vgl. Holzheu, F. (1971), S. 62; die Schuldtitel der Banken (indirect securities) haben eine andere Qualität als die von Kreditnehmern der Bank in Anspruch genommenen Kredite (primary securities), vgl. Gurley, J.G. und Shaw, E.S. (1964), S. 4;

( 11) vgl. z.B. Apfelthaler, S. (1939);

( 12) aus der umfänglichen Literatur zum Liquiditätsproblem vgl. Hübner, O. (1854), Karpinski, M. (1914), Braun, W. (1934), Rink, E. (1934), Goertz, W. (1938), Hoffmann, H. (1967), Krümmel, H.J. (1968 und 1969), Bühler, W. (1970), S. 60 ff.;

( 13) Hagenmüller, K.F. (1959), S. 270 ff.;

( 14) vgl. zu den Risiken im internationalen Bankgeschäft insbesondere Schmidt-Wilke, H.J. (1970), S. 77 ff.;

( 15) vgl. auch die Gliederung allgemein betriebswirtschaftlicher Risikoabwehrmaßnahmen bei Leitner, F. (1915), S. 20 ff.; Martin, F.J. (1941), S. 86 ff.; Lisowsky, A. (1948), S. 13 ff.; Philipp, F. (1967), S. 69 ff.;

( 16) Wächtershäuser, M. (1971), S. 70 ff.; vgl. auch Hartmann, B. (1956), S. 10; Stannigel, H. (1969), S. 103; Raettig, L. (1972), S. 30;

( 17) Wächtershäuser, M. (1971), S. 70;

( 18) Bankpraxis und Literatur fassen den Begriff des Bonitätsrisikos häufig weiter und rechnen zum Bonitätsrisiko ebenfalls die Gefahr, daß die vereinbarten Zinsen nicht oder nicht vollständig beglichen werden, vgl. z.B. Krümmel, H.J. (1964), S. 174; Wächtershäuser, M. (1971), S. 70; es handelt sich hier um das Problem der Formulierung des Zielausmaßes: ist eine Entscheidung schon dann risikobehaftet, wenn der erzielbare Ertrag bedroht ist oder erst dann, wenn der zur Durchführung der Entscheidung notwendige Mitteleinsatz der Verlustgefahr unterliegt? vgl. Kupsch, P.U. (1971), S. 11; wir werden immer dann, wenn Fragen der Preisabgeltung von Risiken zur Diskussion stehen, die Wertbasis 'Vermögenseinsatz' wählen, wenn Fragen der Risikenverteilung insbesondere durch Bestellung von Sicherheiten behandelt werden, die Wertbasis 'vereinbarter Kreditrückzahlungsbetrag' wählen; Kreditbesicherungsverträge richten sich immer auf den vereinbarten Kreditrückzahlungsbetrag; die vereinbarten Zinsen, Provisionen usw. werden von Besicherungsverträgen mit umfaßt;

( 19) im Gegensatz zu nicht festverzinslichen Forderungen, bei denen auch dann, wenn die Restlaufzeit mit der Planungsperiode übereinstimmt, Unsicherheit über die Höhe der Kapitalverzinsung besteht;

( 20) vgl. Schemmann, G. (1970), S. 127;

( 21) vgl. Krümmel, H.J. (1964), S. 173; ist die Restlaufzeit der Forderung kürzer als die Planungsperiode, dann besteht das Problem der Wiederanlage der Zahlungsmittel, das für die Bank bei einem möglichen Sinken des Marktzinses relevant wird;

( 22) das Zinsänderungsrisiko entfällt, wenn die Kreditforderung der Bank mit einer Zinsgleitklausel versehen ist, die eine Änderung des Marktzinses automatisch an die vereinbarte Zinssumme weitergibt, vgl. auch die im wesentlichen das Zinsänderungsrisiko von Forderungen behandelnde Arbeit von Wildhagen, J. (1967);

( 23) Markowitz, H.M. (1959);

( 24) Krümmel, H.J. (1969), S. 72;

( 25) Hagenmüller, K.F. (1959), S. 255 ff.;

( 26) Arnold, H. (1964), S. 53;

( 27) vgl. die auf der Grundlage der §§ 10 und 11 KWG erlassene Bekanntmachung Nr. 1/69 betreffend die Grundsätze über das Eigenkapital und die Liquidität der Kreditinstitute, abgedruckt im Geschäftsbericht der Deutschen Bundesbank für das Jahr 1970, S. 104 ff.;

( 28) vgl. Steinrücke, B. (1956), S. 64; Hoff, U. (1971), S. 183 f.;

( 29) vgl. Raiffa, H. (1968), S. 188 ff.; vgl. auch Breuer, W. (1964), S. 232;

( 30) zur Frage der Sittenwidrigkeit von Besicherungsverträgen vgl. Scholz, H. (1967), S. 83 ff.; Jährig, H. (1971), S. 207 ff.;

( 31) vgl. Mathias, H. (1965), S. 313; "Beim praktischen Vorgehen müßte an sich die Entwicklung der wirtschaftlichen Situation jedes Kreditnehmers mit der jedes anderen Kreditnehmers korreliert werden. Aus Vereinfachungsgründen zur Vermeidung einer sehr großen Zahl von Korrelationen bietet sich an, jeweils nur die Entwicklung etwa eines Kreditsuchenden zur betreffenden Branchenindexentwicklung zu untersuchen. Die branchenmäßige Streuung kann zu Restriktionen derart führen, daß als Nebenbedingung z.B. verlangt wird, daß keine Branche mit mehr als 15 % an der Gesamtkreditsumme der Bank beteiligt sei." Büschgen, H.E. (1969), S. 249;

( 32) daneben findet man noch die Streuung nach der Fristigkeit der gewährten Kredite und deren Fälligkeiten; eine solche Streuung kann einen Ausgleich der Zinsänderungsrisiken bewirken; außerdem dient sie einem reibungslosen (aus dem Umsatzprozeß resultierenden) Liquiditätsausgleich;

( 33) vgl. Ziff. 25 der AGB vom 1.1.1969; bei Auskünften Ziff. 10 AGB, bei Scheck- und Wechseleinzügen Ziff. 40 AGB; vgl. zur Abwälzung des Kreditrisikos auf einen Dritten auch weiter unten die Behandlung der Haftungszusagen;

( 34) Krauß, K.H. (1970), S. 55;

( 35) vgl. v. Halem, C.O. (1964); Baehring, B. (1967), S. 79 ff.; Krauß, K.H. (1970); Krauß, K.H. (1971), S. 322 ff.;

( 36) zu den Prinzipien der Risikopolitik vgl. Rink, E. (1934), S. 114 ff.; Oberparleiter, K. (1955), S. 213 ff.; Hagenmüller, K.F. (1959), S. 255 ff.; Hartmann, B. (1962), S. 18 ff.; Mathias, H. (1965), S. 313;

( 37) Falter, M. (1971), S. 61 f.;

( 38) Hahn, O. (1968), S. 24;

( 39) vgl. Mülhaupt, L. und Küllmer, H. (1971), S. 171 ff.; daneben finden sich weitere Modelle, die Aussagen über die optimale Gestaltung bestimmter Geschäftsbereiche oder deren Beziehung zueinander treffen wollen, vgl. z.B. Haydon, R.B. und Wicks, J.H. (1966), S. 99 ff.; Jarchow, H.J. (1970), S. 189 ff.;

( 40) Porter, R.C. (1961), S. 323 ff.;

( 41) vgl. auch Siebel, H.D. (1968), S. 165 ff.; auf die Bedeutung der Wahrscheinlichkeitsrechnung zur Lösung bankbetrieblicher Fragestellungen hat 1888 bereits Edgeworth hingewiesen;

( 42) Porter, R.C. (1961), S. 329;

( 43) Chambers, D. und Charnes, A. (1961), S. 393 ff.;

( 44) vgl. die Darstellung des Modells bei Siebel, D. (1968), S. 181 ff.; Büschgen, H.E. (1969/70), Teil III, S. 56 ff.; Schneider, G. (1970), S. 127 ff.; zur Strukturnorm des Federal Reserve Board vgl. Mülhaupt, L. und Küllmer, H. (1971), S. 178; Scheidl, K. (1970), S. 175 ff.;

( 45) Deppe, H.D. (1961), S. 303 ff.; (1966), S. 616 ff. und (1968); vgl. auch Schlüter, J.R. (1970), S. 168 ff.; Lohmann, K. (1970);

( 46) Schlüter, J.R. (1970), S. 179;

( 47) Schlüter, J.R. (1970), S. 180;

( 48) vgl. Deppe, H.D. (1966), S. 623;

( 49) De Long, F.G. (1966), S. 39 ff.;

( 50) vgl. Büschgen, H.E. (1969/70), Teil III, S. 57; Siebel, H.D. (1968), S. 162;

( 51) Mülhaupt, L. und Küllmer, H. (1971), S. 189;

( 52) Investitionsmodelle, die eine Optimumbestimmung für hinreichend zulässige Programme vornehmen, wurden u.a. entwickelt von Charnes, A. und Cooper, W. (1963), S. 18 ff.; Näslund, B. (1966), S. 257 ff.; Albach, H. (1967), S. 503 ff.;

( 53) Weingartner, H.M. (1967), S. 167 (Diskussion zu 54);

( 54) Cohen, K.J. und Hammer, F.S. (1967), S. 147 ff.;

( 55) Krümmel, H.J. (1969), S. 72 ff.;

( 56) die in dem Modell vorgenommene Auswahl der Handlungsmöglichkeiten nach dem $\mu,\delta$-Prinzip bedingt, soll die Entscheidung im Sinne des Bernoulli-Prinzips als rational gelten, eine quadratische Nutzenfunktion des Entscheidenden; diese kann in dem relevanten Bereich als gute Annäherung an die tatsächliche Nutzenfunktion betrachtet werden, vgl. Schneeweiß, H. (1967), S. 77 ff.;

( 57) zur Ableitung der Solvenzbedingung aus der Maximalbelastungsregel von Stützel vgl. Bauer, K.P. (1969), S. 89 ff.;

( 58) Mülhaupt, L. und Küllmer, H. (1971), S. 191;

( 59) auf die Kritik des formalen Ansatzes eines solchen Modells des chance-constrained-programming, insbesondere seinen statischen Charakter, wollen wir nicht eingehen, vgl. hierzu Schweim, J. (1969), S. 158 ff.;

( 60) vgl. Kirsch, W. (1970), S. 27 ff.; vgl. auch Schneeweiß, H. (1966), S. 125 ff; Menges, G. (1969), S. 82 ff.;

( 61) vgl. Engels, W. (1962), S. 82 ff.; Lindley, D. (1971), S. 6;

( 62) relevante Ereignisse = Ereignisse, die das Ergebnis der betrachteten Alternative erstens nicht gleichmäßig und zweitens nicht unerheblich beeinflussen;

( 63) vgl. Schneeweiß, H. (1967), S. 13;

( 64) Büschgen, H.E. (1969), S. 256; in der Terminologie Heinens handelt es sich hier also um ein 'schlecht strukturiertes' Problem, Heinen, E. (1972), S. 61;

( 65) vgl. Hagenmüller, K.F. (1959), S. 62; Krümmel, H.J. (1964), S. 215;

( 66) vgl. Erlenbach, E. (1968);

( 67) Kluge, F. (1971), S. 84 ff.;

( 68) zum Begriff des offenen Entscheidungsfeldes, in dem für alle Handlungsmöglichkeiten die notwendigen Ressourcen in hinreichend großen Mengen verfügbar sind, vgl. Engels, W. (1962), S. 114;

( 69) wie die Liquiditätspolitik, so steht z.B. auch die bankbetriebliche Kapazitätsplanung stets unter dem Postulat, bei allen Spitzenbelastungen auf freie Personal-, Schalter- und Maschinenkapazitäten zurückgreifen zu können, vgl. Krümmel, H.J. (1967), S. 14; Süchting, J. (1967), S. 12 bezeichnet die gegenteilige Situation, in der der Bank Anträge verschiedener bonitätsmäßig einwandfreier Kunden vorliegen, unter denen sie wegen knapper Liquidität eine Auswahl treffen muß, als Kreditrationierung; wir verwenden diesen Terminus weiter unten stets nur in bezug auf einen einzelnen Kreditnehmer;

( 70) in liquiditätsmäßig angespannten Situationen wird eine Bank zunächst versuchen, ältere Engagements, die sich nicht zu ihrer Zufriedenheit entwickelt haben, abzulösen; dann sind aber auch Situationen denkbar, in denen Kreditsachbearbeitern von der Geschäftsleitung eine vorsichtigere Kreditvergabe empfohlen wird; damit sind die vom Beurteilenden der Kreditposition anzuwendenden Maßstäbe strenger anzulegen; der Charakter des praktisch offenen Entscheidungsfeldes geht nicht verloren; Banken betonen stets ihre jederzeitige Kreditbereitschaft gegenüber potenten Kunden; vgl. z.B. o.V., Ulrich betont stete Kreditbereitschaft (1970), S. 21;

( 71) empirisch läßt sich ein sehr geringer Kreditausfall insbesondere bei Großbanken beobachten; so soll z.B. der Kreditausfall der Deutschen Bank in 1962 etwa 1 ‰ der ausstehenden Kredite betragen haben, der Kreditausfall der Dresdner Bank weniger als 1 ‰; vgl. Mayer, G. (1964), S. 12; im Durchschnitt der letzten zwanzig Jahre dürften die Debitorenverluste der Deutschen Bank etwa 0,5 % betragen haben, vgl. o.V., Die Großbanken 1970, (1971), S. 414;

( 72) Krümmel, H.J. (1964), S. 135 ff.;

( 73) vgl. Krümmel, H.J. (1964), S. 44 ff.; vgl. insbesondere die Zusammenstellung banküblicher Preisbezugsbasen im In- und Ausland, S. 54 ff.; vgl. auch Eisele, D. (1971), S. 56 ff.;

( 74) es geht hier also nicht darum zu analysieren, welche Kostenfaktoren (Risikoprämie, Liquiditätsverzichtsprämie, Personalkosten, Materialkosten) in den einzelnen Preisbestandteilen abgedeckt werden sollen; "Beim Einzelangebot muß das spezielle Risikoentgelt im Bankzins, bei verbundenem Leistungsabsatz, wie beim Bündelangebot, muß es in dem Gesamterlös des kundenindividuellen Leistungsbündel enthalten sein." Krümmel, H.J. (1964), S. 174; vgl. auch Süchting, J. (1963), S. 67; es geht darum zu analysieren, inwieweit Zinsen oder Gesamterlöse (und damit darin enthaltene Risikoprämien) zur Substitution gegen Kreditrisiken im Hinblick auf die Entscheidungsregel der Bank geeignet sind; Risikoprämien werden hier nicht im

Hinblick auf die Ausfallwahrscheinlichkeit des Kreditportefeuilles, sondern im Hinblick auf die Ausfallwahrscheinlichkeit eines einzelnen Kredits bei Fiktion eines Bestandes an Krediten gleicher Bonität kalkuliert;

( 75) vgl. Robinson, R.I. (1962), S. 151 ff.;

( 76) Fischer, O.C. (1929), S. 56 (ohne Sperrung zitiert);

( 77) Hendrikson, K.H. (1956);

( 78) vgl. Heigl, A. (1970), S. 60 ff.; Krasensky, H. (1965), S. 246 ff.; Jährig, A. (1973), S. 77 ff.;

( 79) Kent, R.P. (1951), S. 274;

( 80) Baughn, W.H. und Walker, C.E. (1968), S. 280 f.; Beckmann, T.N. und Bartels, R. (1949), S. 101; Robinson, R.I. (1962), S. 127; Cole, R.H. und Hancock, R.S. (1964), S. 182 ff.;

( 81) vgl. Smith, P.F. (1966), S. 136 ff.; Myers, J.H. und Forgy, E.W. (1966), S. 119 ff.; Boggess, W.P. (1967), S. 113 ff.; Büschgen, H.E. (1968), S. 191 ff.; Weingartner, H.M. (1969), S. 311 ff.; Morris, R.A. (1969), S. 300 ff.; Caywood, Th. E. (1970), S. 42 f.; Bräutigam, J. und Küllmer, H. (1972), S. 6 ff.;

( 82) vgl. Weibel, P. (1970), S. 269 ff. und die dort insbesondere behandelten Arbeiten von Beaver;

( 83) aus der umfänglichen Literatur über Kreditwürdigkeitsprüfungen sei verwiesen auf: Beranek, W. (1963); Drüke, H. (1966), S. 196 ff.; Hartmann, B. (1965); Heitz, B. (1968), Hintner, O. (1954), S. 72 ff.; Hintner, O. (1960), Sp. 3591 ff.; Ihde, G.B. (1967), S. 201 ff.; Kremer, E. (1966), S. 165 ff.; Krümmel, H.J. (1962), S. 137 ff.; Martin, F. (1956); Mayer, G. (1964); Mellerowicz, K. und Jonas, H. (1957); Schultz, R. (1966); Täube, K. (1970); Hiebler, F. (1972), S. 25 ff.; Meckes, W. (1972), S. 135 ff.;

( 84) Theisinger, K. (1935-38), S. 23 ff.;

( 85) nicht eingegangen wird in dieser Arbeit auf Ansätze, die weniger das einzelne Kreditengagement im Auge haben, als Anhaltspunkte für die globale Steuerung und Abschätzung eines Portefeuilles der Forderungsbestände aus Kreditverkäufen von Unternehmen bei gegebener Strategie zur Einzelkreditgewährung zu geben versuchen; die Analyse von Kundenforderungen mit Hilfe von Markovketten basiert auf dem Ansatz von Cyert, R.M., Davidson, H.J. und Thompson, G.L. (1962), S. 287 ff.; vgl. hierzu auch Beranek, W. (1963) und Kemeny, J.G., Schleifer, A., Snell, J.L. und Thompson, G.L. (1972), S. 300 ff.; die Analyse von Forderungsbeständen mit Hilfe von Liquidationsspektren basiert auf dem Ansatz von Langen, H. (1964), S. 289 ff.; vgl. hierzu auch Neumeyer, L. (1966) und Kossbiel, H. (1968);

( 86) vgl. die Diskussion der Prämissen des vollkommenen und unvollkommenen Kapitalmarktes bei Albach, H. (1962), S. 29 ff., hier S. 30;

( 87) vgl. die Unterscheidung der Marktformen auf dem Kapitalmarkt in den vollkommenen, den unvollkommenen und den beschränkten Kapitalmarkt bei Schneider, D. (1970), S. 291 ff.;

( 88) vgl. diese Annahme bei Dean, J.D. (1951);

( 89) Hodgman, D.R. (1960), S. 259;

( 90) vgl. zur Notwendigkeit der Einführung einer solchen Annahme die Ausführungen bei Engels, W. (1969), S. 32 ff.; eine Kreditkostenfunktion, die davon ausgeht, daß bei zunehmender Fremdkapitalaufnahme eine Rationierung über den Zins erfolgt, findet sich z.B. bei Vickers, D. (1968), S. 68; der von den Kreditgebern verlangte Kreditzins steigt hier mit zunehmender Verschuldung und/oder zunehmendem Variationskoeffizient (Quotient aus Standardabweichung und Erwartungswert der Unternehmensrendite);

( 91) Schneider, D. (1970), S. 315; vgl. auch Albach, H. (1962), S. 180;

( 92) Wysocki, K.v. (1962);

( 93) Sellien, H. (1935), S. 85; vgl. auch Sellien, H. (1963), S. 97 ff.;
( 94) Sellien, H. (1935), S. 86;
( 95) Fink, F. (1955), S. 77;
( 96) vgl. Günther, H. (1960), S. 1076 ff.;
( 97) wir schließen uns hier der Terminologie Schemmanns an, der als Kreditlimitierung eine Begrenzung des Kreditangebots auf der Grundlage allgemein verwendeter Normen ohne Berücksichtigung der besonderen Verhältnisse des Kreditnehmers bezeichnet, vgl. Schemmann, G. (1970), S. 131; Kreditlimitierung aufgrund knapper Sicherheiten wird z.B. in dem linearen Programmierungsmodell von Waldmann, J. (1972), S. 136 ff. unterstellt;
( 98) vgl. Schmidt, R. (1968), S. 2;
( 99) Witteler, B. (1962), S. 40 ff.;
(100) Witteler, B. (1962), S. 32;
(101) Krümmel, H.J. (1962), S. 138 (ohne Sperrung zitiert); Heigl hat in neuerer Zeit ganz entschieden auf die ausschlaggebende Bedeutung der persönlichen Kreditwürdigkeit hingewiesen und ein Schema zur direkten Prüfung der persönlichen Kreditwürdigkeit angegeben, vgl. Heigl, A. (1970), S. 60 ff.;
(102) vgl. Hintner, O. (1954), S. 73;
(103) Fidrich, K. (1957), S. 38;
(104) vgl. Hintner, O. (1954), S. 73; Täube, K. (1970), S. 59;
(105) Jonas, H.H. (1960), S. 150;
(106) Heitz, B. (1962), S. 22;
(107) Krümmel, H.J. (1962), S. 139; diese Wahrscheinlichkeit bezeichnet Theisinger als Kreditsicherheit, vgl. Theisinger, K. (1935-38), S. 23;
(108) Krümmel, H.J. (1962), S. 140;
(109) Bierman, H. und Hausman, W.H. (1970), S. B-519 ff. haben ein stochastisches Kreditgewährungsmodell entwickelt, das den dynamischen Aspekt der Kreditentscheidung berücksichtigt. In einem solchen Modell muß über die hier gemachten Annahmen hinaus die Möglichkeit der Revision der a-priori-Wahrscheinlichkeiten bezüglich des Zahlungsverhaltens der Kunden gemäß dem jeweiligen neuesten Informationsstand des Kreditgebers enthalten sein. Die Beziehung Kredithöhe-Risiko wird in dem Modell vereinfachend vorgegeben (exponentielle Risikoerhöhung bei Ausdehnung des Kredits);
(110) Gutenberg, E. (1969), S. 223;
(111) Schneider, D. (1970), S. 446; in der angelsächsischen Literatur wird dieses Risiko als business oder internal risk bezeichnet, vgl. z.B. Schwartz, E. (1959), S. 18 ff.;
(112) Robicheck, A.A. und Myers, S.C. (1965), S. 17;
(113) diese Annahme liegt auch den Ansätzen zum optimalen Verschuldungsgrad zugrunde;
(114) vgl. den Kapitalbegriff bei Preiser, E. (1953), S. 18 ff.;
(115) vgl. Vormbaum, H. (1971), S. 28;
(116) "Die Unsicherheit des Eigentümers ist dann mit der Unsicherheit seines Vermögens identisch, wenn er keine Schulden hat." Engels, W. (1969), S. 49;
(117) Vormbaum, H. (1964), S. 21;
(118) das Ausfallrisiko des Fremdkapitals ist das Komplement zu dem in der Finanzierungstheorie für das fremdfinanzierte Unternehmen diskutierten Kapitalstrukturrisiko, vgl. Gutenberg, E. (1969), S. 187;
(119) vgl. Stützel, W. (1964), S. 29; Krümmel, H.J. (1966), S. 134 ff.;
(120) vgl. Bauer, K.P. und Müller, H. (1970), S. 29;
(121) vgl. Menges, G. (1968), S. 192 ff.;
(122) das Unternehmen ordnet dem oder den das Ergebnis von 140 DM Kurswert determinierenden Ereignissen eine Eintrittswahrscheinlichkeit von 40 % zu;

(123) die graphische Darstellung erfolgt in der Weise, daß die erwarteten möglichen Erfolge (hier Kurswerte) in Richtung der Abszisse, beginnend mit dem höchsten erwarteten Kurswert und endend mit dem niedrigsten Kurswert aufgetragen wird, wobei die Wahrscheinlichkeiten, die den möglichen die Kurse beeinflussenden Ereignissen zugeordnet werden, kumulativ auf der Abszisse aufgetragen werden;

(124) vgl. die Darstellung der reinen Typen der Verbindung von Einzelpositionen bei Krümmel, H.J. (1966), S. 139;

(125) vgl. den umfassenden Katalog von Erwartungsarten bei Albach, H. (1959), S. 3 f.;

(126) vgl. hierzu die Darstellung der staatlichen Beteiligung an der Sanierung von 'Aschzell', 'Krupp' und 'Luitpoldhütte' bei Bunselmeyer, R. (1969), S. 122 ff.;

(127) vgl. Milnor, J. (1965), S. 129 ff.;

(128) eigentlich Maximin-Regel, da das Maximum der Minima gewählt wird;

(129) Kramer, G. (1968), S. 185;

(130) Wächtershäuser, M. (1971), S. 293;

(131) Wächtershäuser, M. (1971), S. 293;

(132) vgl. Menges, G. (1969), S. 215; Kupsch, P.U. (1971), S. 50; Axiomensysteme zur Beurteilung von Entscheidungskriterien in Unsicherheitssituationen wurden u.a. entwickelt von Milnor, J. (1965), S. 129 ff.; Luce, R.D. und Raiffa, H. (1957), S. 287 ff.; den pessimistischen Charakter der Wald-Regel kritisieren u.a. Albach, H. (1959), S. 174 ff.; Krelle, W. (1968), S. 185;

(133) zur Frage der Relevanz von deskriptiven und normativen Entscheidungsmodellen vgl. Edwards, W., Lindman, H. und Phillips, L.D. (1965), S. 159 ff.;

(134) dieses Prinzip fordert die Anwendung des Erwartungswertes des Risikonutzens, Erwartungsnutzens oder auch Bernoulli-Nutzens als Wertmaßstab; dieser Nutzen mißt den subjektiven Wert des Einkommens (psychologischer Nutzen als Triebfaktor) und das Verhalten bei Risiko oder nur im Hinblick auf das Risiko; vgl. Neuberger, O. (1970), S. 6; Kupsch, P.U. (1971), S. 83; Schneeweiß, H. (1967), S. 70; Krelle, W. (1968), S. 68 kritisiert die Vermischung von Güternutzen und individuellem Risikoverhalten, vgl. dazu sein Unabhängigkeitsaxiom 9a, S. 138 ff.;

(135) Küng, E. (1956), S. 56;

(136) Hagenmüller, K.F. (1959), S. 278 (ohne Hervorhebung zitiert);

(137) Aust, E. (1963), S. 95;

(138) vgl. Stößel, R. (1958), S. 100 ff.; und die dort behandelten Auffassungen von Lutz, Walb, Somary und Fischöder; vgl. auch Hart, A.G. (1949), S. 58 ff.;

(139) Mülhaupt, L. (1956), S. 17 f.;

(140) Aust, E. (1963), S. 22;

(141) vgl. Krümmel, H.J. (1966), S. 144 ff.; vgl. auch Priewasser, E. (1968), S. 73 ff.;

(142) Lipfert, H. (1968), S. 24; vgl. auch Tietze, W. (1969), S. 85 f.;

(143) Fischer, O. (1969), S. 32;

(144) Schemmann, G. (1970), S. 134;

(145) vgl. Krümmel, H.J. (1964), S. 175;

(146) vgl. Schemmann, G. (1970), S. 135 ff.;

(147) vgl. Hodgman, D.R. (1960), S. 258 ff.;

(148) $\bar{y}$ ist der maximal für möglich gehaltene Zahlungsmittelbetrag am Ende der Kreditperiode und keineswegs "die absolute Obergrenze der dem Kreditnehmer zuzubilligenden Kreditlinie, die im Idealfall und bei nur einem kreditgewährenden Kreditinstitut mit dem optimalen Verschuldungsgrad identisch sein müßte." Schneider, G. (1970), S. 155;

(149) Die Form $P(Y \geq \bar{y}) = 1 - F(y)$ wird als Erwartungsstruktur bezeichnet; sie stellt die Gegenwahrscheinlichkeit zur Verteilungsfunktion $F(y)$ dar; vgl. S. 33;

(150) Ein Modell, in dem das leistungswirtschaftliche Risiko des Kreditnehmers nicht als bekannt vorausgesetzt ist, sondern in dem die Informationshandlungen zur Beurteilung der Kreditrückzahlungsfunktion explizit in den Entscheidungsprozeß aufgenommen werden, wurde von Aigner, D.J. und Sprenkle, C.M. (1968), S. 151 ff. entwickelt;

(151) Dies ist zulässig, da bei einer Alleingläubigerschaft des Kreditgebers der Zahlungsmittelbestand am Ende der Periode zunächst zu dessen Befriedigung herangezogen wird;

(152) nach der Regel der partiellen Integration gilt:

$$\int_a^b f(x)\, g'(x)dx = g(x)f(x)\Big|_a^b - \int_a^b f'(x)g(x)dx;$$

setzt man $a = o$, $b = s$, $g(x) = y$ und $f(x) = \Phi(y)$, dann ist

$$\int_o^s \Phi(y)dy = \Phi(s)\cdot s - \int_o^s \Phi'(y)ydy \text{ und wegen } P(Y=s) = \Phi(s)$$

$$\int_o^s \Phi(y)dy = s\cdot P(Y=s) + \int_o^s -\Phi'(y)ydy;$$

vgl. Erwe, F. (1968), S. 28, Formel (93); wird mit einer bestimmten Wahrscheinlichkeit damit gerechnet, daß die vereinbarten Zinsen und der Kreditbetrag nicht bezahlt werden, dann trägt die Bank ein Kreditausfallrisiko; der Erwartungswert des Gesamttilgungsbetrages liegt dann stets unter dem vereinbarten Gesamttilgungsbetrag;

(153) $E(z) = a - \int_o^s \Phi(y)dy$ für $a > s$ ist der erwartete Verlust für den Fall, daß der vereinbarte Rückzahlungsbetrag unter dem Kreditbetrag a liegt;

(154) zur Ableitung dieser cut-off-Ziffer $(E(y)/E(z))^+$ aus der Risikopräferenzfunktion der Bank und den jeweils gegebenen Marktverhältnissen vgl. Hodgman, D.R. (1960), S. 272;

(155) rational im Sinne von Hodgmans Ausscheidungskriterium für Kredite;

(156) eine solche Gleichverteilung genügt den von Hodgman angeführten Bedingungen, daß $\Phi(O) = 1 - \int_o^o 1/\bar{y} = 1$ und $\Phi(\bar{y}) = 1 - \int_o^{\bar{y}} 1/\bar{y} = O$ ist;

(157) Hodgman, D.R. (1960), S. 269;

(158) vgl. Chase, S.B. (1961), S. 322; Hodgman hat zur Vermeidung dieser Annahme vorgeschlagen, eine für jeden Kreditbetrag getrennt abzuleitende Rückzahlungsfunktion anzugeben, Hodgman, D.R. (1961), S. 327; zur Notwendigkeit der Ermittlung des Kreditverwendungszwecks vgl. auch Ihde, G.B. (1967), S. 203;

(159) vgl. Hintner, O. (1960), Sp. 3596; bei Anschaffungsdarlehen erfolgt der Nachweis der Kreditverwendung häufig dadurch, daß die kreditgebende Bank selbst die Bezahlung der gekauften Ware übernimmt;

(160) Chase, S.B. (1961), S. 326;

(161) Ryder, H.E. (1962), S. 471 ff.;

(162) Miller, M.H. (1962), S. 480 ff.;

(163) vgl. Hodgman, D.R. (1962), S. 488;

(164) Ryder, H.E. (1962), S. 471;

(165) Miller, M.H. (1962), S. 480 ff.;

(166) vgl. auch die Darstellung bei Jaffee, D.M. (1971), S. 27;

(167) Freimer, M. und Gordon, M.J. (1965), S. 397 ff.;

(168) die Liquidation des Bankhauses Bansa KG in München im August 1972 zeigt, daß bei hohen Ausfallrisiken auch astronomische Zinssätze nicht zu einer Risikokompensation führen; das Bankhaus soll seinen Kreditnehmern, "letzten Adressen", einen Zinssatz von 30, 40, zuweilen sogar von über 50 % in Rechnung gestellt haben, vgl. o.V., Letzte Adressen (1973), S. 46;

(169) ähnlich wie in der Versicherungswirtschaft variieren die Risikokompensationsmöglichkeiten je nach Art und Größe der kreditgewährenden Bank; vgl. zum Übergang von versicherbaren zu nicht versicherbaren Risiken in Abhängigkeit von den Charakteristika des Versicherers Arrow, K.J. (1970), S. 134 ff.;

(170) Krümmel, H.J. (1964), S. 177; vgl. auch Fischer, O. (1969), S. 33; Aust, E. (1963), S. 99; Kolbeck, R. (1971), S. 97, Anm. 1; im Gegensatz dazu Van Horne, J. (1971), S. 516 f.;

(171) in diesem Katalog sind nicht die aus der Position der Bank bei gegebener Geld- und Kapitalmarktsituation resultierenden möglichen Bestimmungsfaktoren, etwa die Betriebsgröße, die Beschäftigung oder das Leistungsprogramm der Bank enthalten; vgl. zur Frage des Einflusses der Betriebsgröße auf die Kosten der Kreditinstitute Bräutigam, J. (1972);

(172) vgl. Gutenberg, E. (1966), S. 695 und (1969), S. 213;

(173) vgl. Störrle, W. (1971), S. 379;

(174) vgl. auch o.V., Finanzierungstheorie II: Kein Optimum bei Zielkonflikten (1971), S. 24;

(175) vgl. Pagenstecher, M. und Grimm, M. (1968);

(176) wir brauchen hier nicht weiter zu untersuchen, ob Zahlungsunfähigkeit oder Überschuldung oder ob das Ablaufen des Gesellschaftsvertrages zur Liquidation des Unternehmens geführt haben; wir müssen nur unterstellen, daß die Verteilung der Liquidationserlöse nach den Regeln der Konkursordnung vorgenommen wird;

(177) vgl. Greifzu, J.C. (1969), S. 306;

(178) "Wer zuerst kommt, mahlt zuerst";

(179) vgl. Krümmel, H.J. (1966), S. 150;

(180) vgl. Biermann, M. (1963), S. 29;

(181) aus § 3 I KO;

(182) vgl. Mohrbutter, J. und Haarmann, H. (1969), S. 176;

(183) Knorr, E. (1962), S. 85;

(184) Siedschlag, W. (1971), S. 76;

(185) Siedschlag, W. (1971), S. 78;

(186) in einigen Fällen ist auch die Veränderung des leistungswirtschaftlichen Risikos Gegenstand von Sicherungsabreden, z.B. wenn dem Kreditnehmer der Abschluß einer Betriebsunterbrechungsversicherung zur Auflage gemacht wird, oder wenn, wie im amerikanischen instalment credit üblich über die Laufzeit des Darlehens eine Versicherung auf den Todesfall abgeschlossen wird; solche 'Besicherungen' sind nicht Gegenstand der Untersuchung;

(187) vgl. Süchting, J. (1965), S. 67;

(188) Schemmann weist darauf hin, daß zwar dem gesamten Kreditvolumen eines Unternehmens ein Kreditgeberkollektiv gegenübersteht, das aber im Unterschied zum Anteilseignerkollektiv keine institutionalisierte Informations- und Abstimmungsgelegenheit wie etwa die Haupt- oder Gesellschaftsversammlung besitzt; vgl. Schemmann, G. (1970), S. 42 f.;

(189) vgl. Schaarschmidt, W. (1960), S. 711; Mohrbutter, J. und Haarmann, H. (1969), S. 124 ff.;

(190) vgl. Breuer, W. (1964), S. 245 f.; Paal, E. (1973), S. 176 ff.; Lwowski, H.J. (1972), S. 92 ff.;

(191) Serick, R. (1963), S. 11 f.;

(192) Serick, R. (1963), S. 12;

(193) bei Treuhandsicherheiten (fiduziarischen Sicherheiten) erwirbt der Sicherungsnehmer eine Rechtstellung, die über den Sicherungszweck hinausgeht; im Innenverhältnis Bank-Kreditkunde ist die Bank daher verpflichtet, das ihr übertragene Recht nur gemäß der Sicherungsabrede zu gebrauchen; im Konkurs kann sie nur Absonderung verlangen; vgl. Scholz, H. (1965), S. 30; Herget, R. (1968), S. 156;

(194) die also nicht nur z.B. dingliche Grundschuldgläubiger sind;

(195) andere Ansprüche, etwa den Fiskus, werden hier außer acht gelassen;

(196) vgl. zu den Möglichkeiten einer generellen Ausdehnung der Kreditversicherung Krauß, K.H. (1971), S. 402 ff.;

(197) vgl. Krauß, K.H. (1971), S. 92; Vormbaum, H. (1971), S. 180;

(198) vgl. Krauß, K.H. (1971), S. 323;

(199) vgl. Baehring, B. (1967), S. 82;

(200) vgl. Moll, B.H. (1968), S. 65 ff.;

(201) die von den übrigen Wirtschaftssubjekten übernommenen Bürgschaften bezeichnet man als Personalsicherheiten, da hier für die Bank die Haftungsmasse des Kreditnehmers um die Haftungsmasse eines dritten Wirtschaftssubjektes ergänzt wird; auch hier kann es noch zu einer Zurechnung von bestimmten Vermögensteilen der Haftungsmasse des Bürgen zur bürgschaftsnehmenden Bank kommen: "Prinzipiell ist der Bank die Besicherung einer Bürgschaft, d.h. die Unterlegung der Bürgschaft durch eine banksübliche Sicherheit, erwünscht. Gefälligkeitsbürgschaften sind ungern gesehen." Breuer, W. (1964), S. 234; zu den verschiedenen Formen der Bürgschaft im Wechselrecht vgl. Martens, K.P. (1971), S. 765 ff.; im Verhältnis Mutter-Tochter-Gesellschaften werden häufig aus bilanztaktischen Gründen Patronatserklärungen der Mutter-Gesellschaft an den Kreditgeber vereinbart. Übernimmt die Mutter die Garantie der Zahlungsfähigkeit der Tochter und eine Verpflichtung zur Schuldübernahme, so sind solche Erklärungen wirtschaftlich wie Bürgschaften zu behandeln; vgl. Lwowski, J. (1972), S. 38 f.;

(202) vgl. Scholz, H. (1965), S. 385 ff.; da der Bürge im Konkursfall die Einrede der Vorausklage verliert, sind hier die in der Bankpraxis übliche selbstschuldnerische Bürgschaft und die Ausfallbürgschaft gleich zu behandeln;

(203) vgl. Hiebler, F. (1972), S. 71;

(204) wird der Bürge in Anspruch genommen, so geht in Höhe dieses Betrages die Forderung an ihn über, so daß er sie im Konkurs des Kreditnehmers geltend machen kann;

(205) dies gilt auch für solche Sicherheiten, die erst nach der Bürgschaftsübernahme bestellt worden sind; vgl. Breuer, W. (1964), S. 235;

(206) Obermüller, W. (1970), S. 456 f.; bei Parallelkrediten (getrennte Kontoführung) werden in der Regel entsprechend der Gläubigeranzahl und deren Kreditbeträge gleichrangige Eigentümergrundschulden eingetragen; vgl. Mauer, H.J. (1971), S. 217;

(207) Stier, A. (1970), S. 36; vgl. auch Elle, H. (1965), S. 11 ff.;

(208) vgl. den Mustervertrag bei Obermüller, W. (1970), S. 458;

(209) vgl. die Weiterentwicklung des Gleichrangrahmens, bei dem der Kreditnehmer auf die Inanspruchnahme der durch Tilgung entstandenen Eigentümergrundschulden bei Hypotheken bzw. bei Grundschulden bis zur endgültigen Tilgung auf die Geltendmachung seines Rückübertragungsanspruchs verzichtete, zur Vereinbarung eines Gleichrangvorbehalts

und eines gleitenden Gleichrangrahmens bei Elle, H. (1965), S. 23 ff.; Stier, A. (1970), S. 56 ff.; Paal, E. (1973), S. 276 f.;

(210) vgl. Kamps, B. (1968), S. 70; vgl. auch Weber, H. (1968), S. 564;

(211) Bender, K. (1965), S. 254 f.;

(212) Büchner, K.J. (1965), S. 504;

(213) Mellerowicz, K. und Jonas, H. (1957), S. 12;

(214) Jonas, H.H. (1960), S. 150; vgl. auch Mayer, G. (1964), S. 142;

(215) Jonas, H.H. (1960), S. 149;

(216) Hauck, M. (1966), S. 19; auf dieser Vorstellung basiert auch das Modell einer optimalen Kombination von Risikoprämie und Sicherheitenbestellung für den Kreditnehmer bei Chant, J.F. (1970), S. 688 ff.;

(217) Feldbausch, F.K. (1969), S. 71;

(218) zum Personalkredit vgl. Ungerer, M. (1959), S. 11 ff.;

(219) vgl. Krümmel, H.J. (1964), S. 179;

(220) Mehta hat ein Modell der Kreditvergabeentscheidung aufgrund eines sequentiellen Entscheidungsprozesses entwickelt, in dem unter Abwägung möglicher Ausfallrisiken, möglicher bei Ablehnung entstehender Opportunitätskosten und den Kosten einer weiteren Informationssammlung nacheinander verschiedene Informationshandlungen vorgenommen werden können, wobei jede nachfolgende Stufe der Informationsbeschaffung als ein feineres aber teureres Filter der Informationsgewinnung aufgefaßt wird; vgl. den insbesondere für die Vergabe von Lieferantenkrediten entwickelten heuristischen Ansatz von Mehta, D. (1968), S. B-30 ff.; vgl. auch Bierfelder, W.H. (1969), S. 1 ff. und Ahlert, D. (1972) sowie die Neuformulierung des Modells auf der Basis eines Markov-Prozesses bei Mehta, D. (1970), S. 421 ff.;

(221) Hauschildt, J. (1972), S. 225 ff.;

(222) vgl. Kruse, A. (1941), S. 50;

(223) Steffan, F. (1964), S. 45; Rüchardt, K. (1968), S. 491 ff.;

(224) vgl. Raida, H. (1965), S. 1078;

(225) auf solche Ertragschancen verzichten müssen solche Institute, die nach ihrer Satzung oder aufgrund gesetzlicher Vorschriften an bestimmte Beleihungsrichtlinien gebunden sind. "Sowohl das Hypothekenbankgesetz als auch das Schiffsbankgesetz sehen strenge Beleihungsvorschriften für die Beleihung inländischer Grundstücke sowie von Schiffen und Schiffsbauwerken vor. In beiden Fällen ist die Beleihung der Regel nach nur zur ersten Stelle zulässig; sie darf die ersten drei Fünftel des Wertes des Grundstücks oder des Schiffes oder Schiffsbauwerkes nicht übersteigen. Es besteht also eine gesetzliche Aktivbeleihungsgrenze." vgl. Weber, H. (1968), S. 564; vgl. auch Michaelis, K. (1971);

(226) Die Bankregel: 'Der sicherste Kredit ist der ungesicherte Kredit' trifft den hier dargestellten Sachverhalt nicht; ein solcher Satz kann nur empirisch interpretiert werden: im Durchschnitt zeigen unbesicherte Kredite weniger Ausfälle als Kreditengagements, zu denen sich die Bank erst nach Einräumung von Kreditsicherheiten entschlossen hat. Die These des Instituts für Mittelstandsforschung (1964), S. 62, daß die Banken diese Bankregel nur ungern annehmen, geht daher am Problem vorbei; ein Kredit wird nicht dadurch weniger riskant, daß man auf die Bestellung von Sicherheiten verzichtet;

(227) Falter, M. (1971), S. 58 f.;

(228) Schneider, D. (1970), S. 466 f.;

(229) Schneider, D. (1970), S. 467;

(230) Theisinger, K. (1952), S. 10 f.;

(231) Loos, N. (1968), S. 81; vgl. auch Schneider, D. (1970), S. 468; vgl. dagegen Engelken, H.G. (1970), S. 47, der solche Kredite wegen der damit seiner Meinung nach verbundenen Kapitalfehlleitung abgelehnt wissen will;

(232) für die Sicherung amerikanischer term loans bezeichnet Süchting, J. (1966), S. 98 die Ausschließlichkeitserklärung als Negativklausel I: "Die Aufnahme aller weiteren Schulden, oder aller Schulden außer Lieferantenverbindlichkeiten, oder aller lediglich langfristigen Schulden sowie die Übernahme von Eventualverbindlichkeiten wird von der Zustimmung der Bank abhängig gemacht."

(233) vgl. Schütz, W. (1969), S. 413;

(234) keine Kreditsicherheiten in diesem Sinne sind die sogenannten Klageerleichterungsmittel, die Banken bei der Einzelzwangsvollstrekkung bei nicht pünktlicher Kredittilgung eine schnelle Zugriffsmöglichkeit in das Unternehmensvermögen des Kreditnehmers geben. Typisches Beispiel für eine 'Sicherheit', die keine haftungsmäßige Zuordnung bestimmter Vermögensgegenstände zu einem Kreditgeber bewirkt, ist das Depotakzept (Debitorenziehung). Die Bank zieht hier auf ihren Kreditnehmer einen Wechsel, den dieser zur Sicherung eines gegebenen oder versprochenen Kredits akzeptiert. Die Bank hat damit die Möglichkeit, die bisher nur in Kontokorrent- oder Darlehnsform geführte Forderung unter die 'Strenge' des Wechselrechts zu stellen. Der Wechsel erleichtert nur die Einklagung des Kredits, sichert ihn aber nicht, vgl. Deuble, R.W. (1935-38), S. 126; Schaarschmidt, W. (1960), S. 169; Obst/Hintner (1967), S. 432;

(235) Krümmel, H.J. (1972), S. 8; vgl. auch Krümmel, H.J. (1962), S. 141;

(236) Stützel, W. (1964), S. 566 f.; vgl. auch Krümmel, H.J. (1964), S. 180; Münker, D. (1967), S. 160;

(237) Falter, M. (1971), S. 58;

(238) Seibel, J.J. (1970), S. 139;

(239) so wurde die heute noch gültige Beleihungsgrenze bei Hypothekarkrediten von 60 % des Beleihungswertes vor dem ersten Weltkrieg festgesetzt; vgl. Raida, H. (1965), S. 1077; so werden in der Praxis der Anleihebesicherung nur 40 % des Beleihungswertes als Beleihungsraum angesetzt, ein Beleihungssatz, der erstmals nach 1948 bei der Bewertung von Sicherheiten für Kredite der KfW angewandt wurde und dann bei der Anleihebesicherung übernommen wurde; Stier, A. (1970), S. 139;

(240) vgl. Krümmel, H.J. (1972), S. 8;

(241) vgl. Kaminsky, S. (1968), S. 63 ff.; van Horne, J.C. (1971), S. 528; Hagenmüller, K.F. (1969), S. 254 ff.; Havermann, H. (1970), S. 75 ff; um die Vorteile der Spezialisierung in diesem Geschäft zu nutzen, streben Universalbanken Beteiligungen an Leasinggesellschaften an oder treten als deren Refinanciers auf;

(242) dies braucht nicht mehr zu gelten, wenn es zu einer Kooperation zwischen dem Factor und der Geschäftsbank kommt; etwa, wenn der Factor im Auftrage der Bank tätig wird und damit die Bank in die Lage versetzt, ihr 'Sicherungsgut genauer zu bewerten' (Auftrags-Factoring und Zessionsverwaltung durch einen Factor); vgl. Schmitt, R.M. (1968), S. 914 ff.;

(243) vgl. Schütz, W. (1969), S. 412 ff.;

(244) vgl. May, K. (1931), S. 72, Anm. 1; Unterreiner, M. (1960), S. 14;

(245) der Grund für die Konstruktion des Sicherungskaufs lag darin, daß nach dem Preußischen Allgemeinen Landrecht zum Eigentumsübergang einer Sache ein Kaufvertrag erforderlich war; der Zweck, eine Forderung zu sichern, reichte als 'rechtsbeständiger Titel' nicht aus. Daher kaufte der Kreditgeber dem Kreditnehmer das Sicherungsgut ab, wobei die Kaufpreisforderung zuweilen mit dem Darlehen verrechnet wurde, vgl. Serick, R. (1963), S. 56;

(246) vgl. o.V., Pensionsgeschäfte der Kreditinstitute (1965), S. 3; o.V., Wertpapierpensionsgeschäfte und Rentenmarkt (1967), S. 8; Weber, H. (1965), S. 264 f.; Ferber, M. (1969), S. 18 ff.;

(247) vgl. Staehle, W. (1965), S. 236 ff.;

(248) vgl. Schuster, L. (1971), S. 766;

(249) vgl. Schuster, L. (1971), S. 766;

(250) das Pensionsgeschäft wird rechtlich als Kauf- und Rückkaufvereinbarung qualifiziert; bei Pensionsgeschäften fehlt ein auf die Einräumung einer Sicherheit gerichteter Geschäftswille; vgl. Schönle, H. (1971), S. 245; Ferber, M. (1969), S. 17;

(251) vgl. Brand, R. (1968), S. 46; Schönle, H. (1971), S. 365;

(252) zur Bestellung des Pfandrechts an einem Recht vgl. Weimar, W. (1972), S. 46 f.; zu den Möglichkeiten einer Ersetzung der Übergabe vgl. Vormbaum, H. (1971), S. 165; Scholz, H. (1965), S. 238 ff.;

(253) unter Lombardkredit verstehen wir hier die Krediteinräumung bei Sicherung durch ein Faustpfand, gleichgültig, ob der Kreditbetrag auf einem besonderen Lombardkonto zur Verfügung gestellt wird (echter Lombardkredit) oder ob es sich um einen Kontokorrentkredit mit Faustpfandbesicherung handelt (unechter Lombardkredit); vgl. Brand, R. (1968), S. 22 f.;

(254) vgl. Scholz, H. (1965), S. 339 f.;

(255) der Eisenbahnfrachtbrief stellt nur eine Beweisurkunde dar und eignet sich daher nur als kurzfristige Kreditunterlage; vgl. Deutsch, P. (1967), S. 25;

(256) vgl. Breuer, W. (1964), S. 243;

(257) vgl. Kamps, B. (1968), S. 68;

(258) vgl. Stier, A. (1970), S. 81;

(259) vgl. Melsheimer, K. (1967), S. 68;

(260) vgl. Herget, R. (1968), S. 157;

(261) die Sicherungsübereignung von Grundstücken ist an sich denkbar; wegen der Pflicht zur Beurkundung der Einigung, der Pflicht zur Auflassung und wegen der Entstehung der Grunderwerbssteuer jedoch nicht üblich;

(262) vgl. Obst/Hintner (1967), S. 412;

(263) außerdem wird vom Kreditnehmer verlangt, daß er auf seinen Rechnungen einen Vermerk anbringt, in dem der Warenbezieher ersucht wird, den Forderungsbetrag auf das Konto der kreditgewährenden Bank zu überweisen; vgl. Breuer, W. (1964), S. 240; über die Schwierigkeiten bei der Überwachung von Zessionskrediten vgl. das Beispiel bei Meissner, F. (1966), S. 81 ff.;

(264) vgl. Herget, R. (1966), S. 282;

(265) "In der Praxis tritt an die Stelle einer Sicherungsabtretung häufig auch die unwiderrufliche und bestätigte Auszahlungsanweisung. Hier weist der Gläubiger seinen Schuldner unwiderruflich an, die Forderung nur auf ein bestimmtes Konto des Gläubigers zu bezahlen, und ersucht den Schuldner, die Vormerkung dieser Anweisung dem Begünstigten, d.h. der Bank zu bestätigen. Eine solche unwiderrufliche und bestätigte Zahlungsanweisung wird häufig gewählt, wenn die Abtretbarkeit einer Forderung von der Zustimmung des Drittschuldners abhängig ist oder die Zedierbarkeit überhaupt ausgeschlossen ist. Großunternehmen pflegen häufig in ihren Auftragsbedingungen die Abtretbarkeit von Forderungen aus arbeitstechnischen und rechtlichen Erwägungen generell auszuschließen. In solchen Fällen kann - insbesondere wenn der Bankkredit als Bevorschussung einer Einzelforderung gedacht ist - trotz des Abtretungsverbots die Forderung zur Kreditbesicherung verwandt werden, wenn der Drittschuldner sich mit der Bestätigung einer unwiderruflichen Zahlungsanweisung ausnahmsweise einverstanden erklärt." Breuer, W. (1964), S. 241; der

Bundesverband Deutscher Banken führt eine Liste von Firmen, welche die Abtretung von Forderungen von ihrer Zustimmung abhängig machen oder ganz ausschließen; vgl. o.V., Zessionsverbot und Mittelstandspolitik (1965), S. 167;

(266) bei Warenlagern mit wechselndem Bestand, in denen neben Volleigentumswaren in vielen Fällen auch Vorbehaltswaren lagern, hat sich als Übung der Banken die Abtretung des Eigentums an den Volleigentumswaren des Kreditnehmers herausgebildet, wobei sich die Banken hinsichtlich der Vorbehaltswaren das Anwartschaftsrecht auf Eigentumserwerb nach Befriedigung des Lieferanten übertragen lassen, vgl. Unterreiner, M. (1960), S. 20;

(267) beim verl. Eigentumsvorbehalt wird die Vorausabtretung aller oder bestimmter Forderungen, die aus der Weiterveräußerung der Vorbehaltswaren bestehen, an den Lieferanten des Kreditnehmers vereinbart. Gegenstand des Globalzessionsvertrages mit einer Bank können eben diese Forderungen sein, vgl. hierzu Hellner, T. (1969), S. 50 ff.; Serick, R. (1965), S. 273 ff.; Heigl, G. (1969), S. 109 f.;

Stichwortverzeichnis

GPSR Compliance

*The European Union's (EU) General Product Safety Regulation (GPSR) is a set of rules that requires consumer products to be safe and our obligations to ensure this.*

*If you have any concerns about our products, you can contact us on ProductSafety@springernature.com*

In case Publisher is established outside the EU, the EU authorized representative is:

Springer Nature Customer Service Center GmbH
Europaplatz 3
69115 Heidelberg, Germany

**Batch number: 10809468**

Printed by Printforce, the Netherlands